Über
Rechtsbegriffe.

Von

Dr. Paul Eltzbacher,

Gerichtsassessor und Privatdozenten in Halle an der Saale.

„Es ist von der äussersten Erheblichkeit, Erkenntnisse, die ihrer Gattung und Ursprunge nach von andern unterschieden sind, zu isolieren, und sorgfältig zu verhüten, dass sie nicht mit andern, mit welchen sie im Gebrauche gewöhnlich verbunden sind, in ein Gemische zusammenfliessen."

Immanuel Kant, Kritik der reinen Vernunft, 2. Auflage, S. 870.

Berlin.
J. Guttentag, Verlagsbuchhandlung,
G. m. b. H.
1900.

MEINER MUTTER.

Inhalt.

Abkürzungen.

Bekker, Ernst und Scherz = Ernst und Scherz über unsere Wissenschaft, von Ernst Immanuel Bekker, 1892.

Bekker, Pandekten 1 = System des heutigen Pandektenrechts, von Ernst Immanuel Bekker, 1. Bd., 1886.

Binding, Strafrecht 1 = Handbuch des Strafrechts, von Karl Binding, 1. Bd., 1885.

Brinz: Vierteljahrsschrift 2 = Geist des römischen Rechts auf den verschiedenen Stufen seiner Entwicklung. Von Rudolf Jhering. Zweiter Teil, zweite Abteilung. Von A. Brinz: Kritische Vierteljahrsschrift für Gesetzgebung und Rechtswissenschaft 2 S. 1—37, 1860.

Bruns: Holtzendorffs Enzyklopädie = Das heutige römische Recht, von C. G. Bruns, neu durchgesehen und ergänzt von E. Eck: Enzyklopädie der Rechtswissenschaft, herausgegeben von Franz von Holtzendorff, 5. Aufl., S. 425—546, 1890.

Cohen, Ästhetik = Kants Begründung der Ästhetik, von Hermann Cohen, 1889.

Eccius, Preussisches Privatrecht 1 = Preussisches Privatrecht, auf der Grundlage des Werkes von Franz Förster bearbeitet von M. E. Eccius, 1. Bd., 7. Aufl., 1896.

Erdmann, Logik 1 = Logik, von Benno Erdmann, 1. Bd., 1892.

Feuerbach, Teutsche Rechtswissenschaft = Blick auf die teutsche Rechtswissenschaft (1810): Anselms von Feuerbach kleine Schriften vermischten Inhalts, S. 152—177, 1833.

Feuerbach, Philosophie und Empirie = Über Philosophie und Empirie in ihrem Verhältnisse zur positiven Rechtswissenschaft, von Paul Joh. Anselm Feuerbach, 1804.

Gierke, Deutsches Privatrecht 1 = Deutsches Privatrecht, von Otto Gierke, 1. Bd., 1895.

Grimm, Deutsches Wörterbuch 1 = Deutsches Wörterbuch, von Jakob Grimm und Wilhelm Grimm, 1. Bd., 1854.

Herbart, Naturrecht und Moral = Analytische Beleuchtung des Naturrechts und der Moral, von J. F. Herbart, 1836.

v. Jhering, Geist des römischen Rechts = Geist des römischen Rechts auf den verschiedenen Stufen seiner Entwicklung, von Rudolf von Jhering, Bd. 1, 5. Aufl., 1891, Bd. 2, 5. Aufl., 1894, Bd. 3[1], 4. Aufl., 1888.

v. Jhering: Jahrbücher 1 = Unsere Aufgabe, von R. Jhering: Jahrbücher für die Dogmatik des heutigen römischen und deutschen Privatrechts 1 S. 1—52, 1857.

v. Jhering, Scherz und Ernst = Scherz und Ernst in der Jurisprudenz, von Rudolf von Jhering, 3. Aufl., 1885.

v. Jhering, Zweck im Recht 1 = Der Zweck im Recht, von Rudolf v. Jhering, 1. Bd., 2. Aufl., 1884.

Jodl, Psychologie = Lehrbuch der Psychologie, von Friedrich Jodl, 1896.

Kant, Kritik der reinen Vernunft = Kritik der reinen Vernunft, von Immanuel Kant, 2. Aufl., 1787.

Kant, Kritik der Urteilskraft = Kritik der Urteilskraft, von Immanuel Kant, 1790.

Kant, Prolegomena = Prolegomena zu einer jeden künftigen Metaphysik die als Wissenschaft wird auftreten können, von Immanuel Kant, 1783.

Kohler: Archiv 82 = Die Idee des geistigen Eigentums, von J. Kohler: Archiv für die zivilistische Praxis 82 S. 141—242, 1894.

Leibniz, Nova methodus = Nova methodus discendae docendaeque jurisprudentiae: Gothofredi Guillelmi Leibnitii opera omnia collecta studio Ludovici Dutens, tom. 4, p. 3, pag. 159—230, 1768.

v. Liszt: Die Strafgesetzgebung der Gegenwart 1 = Zur Einführung, Rückblick und Zukunftspläne, von Franz v. Liszt: Die Strafgesetzgebung der Gegenwart 1 S. IX—XXVII, 1894.

Loening: Zeitschrift 3 = Über geschichtliche und ungeschichtliche Behandlung des deutschen Strafrechts, von Richard Loening: Zeitschrift für die gesamte Strafrechtswissenschaft 3 S. 219—375, 1883.

Lotze, Logik = Logik, von Hermann Lotze, 1874.

Merkel: Zeitschrift 1 = Über das Verhältnis der Rechtsphilosophie zur positiven Rechtswissenschaft und zum allgemeinen Teil derselben, von Adolf Merkel: Zeitschrift für das Privat- und öffentliche Recht der Gegenwart 1 S. 1—10, 402—421, 1874.

Merkel: Holtzendorffs Enzyklopädie = Übersicht über die Geschichte der Rechts- und Staatsphilosophie, von A. Geyer, durchgesehen und ergänzt von A. Merkel: Enzyklopädie der Rechtswissenschaft, herausgegeben von Franz v. Holtzendorff, 5. Aufl., S. 45—91, 1890.

Merkel, Juristische Enzyklopädie = Juristische Enzyklopädie, von A. Merkel, 1885.

Natorp: Archiv 1 = Grundlinien zu einer Theorie der Willensbildung (erstes Stück), von Paul Natorp: Archiv für systematische Philosophie 1 S. 65—100, 289—326, 1895.

Natorp: Monatshefte 23 = Über objektive und subjektive Begründung der Erkenntnis, von Paul Natorp: Philosophische Monatshefte 23 S. 257—286, 1887.

Natorp, Psychologie = Einleitung in die Psychologie nach kritischer Methode, von Paul Natorp, 1888.

Natorp, Religion = Religion innerhalb der Grenzen der Humanität, von Paul Natorp, 1894.

Pollock, The methods of jurisprudence = The methods of jurisprudence, by Frederick Pollock, 1882.

Puchta, Institutionen = Kursus der Institutionen, von G. F. Puchta, 9. Aufl., besorgt von Paul Krüger, 1881.

Regelsberger, Pandekten 1 = Pandekten, von Ferdinand Regelsberger, 1. Bd., 1893.

Rümelin, Juristische Begriffsbildung = Juristische Begriffsbildung, von Gustav Rümelin, 1878.

Schlossmann, Vertrag = Der Vertrag, von Sigmund Schlossmann, 1876.

Sigwart, Logik = Logik, von Christoph Sigwart, 2. Aufl., 1889—1893.

Spencer, Psychologie = Die Prinzipien der Psychologie, von Herbert Spencer, deutsch von B. Vetter, 1882—1886.

Stadler: Archiv 2 = Zur Klassifikation der Wissenschaften, von August Stadler: Archiv für systematische Philosophie 2 S. 1—37, 1896.

Stadler, Erkenntnistheorie = Die Grundsätze der reinen Erkenntnistheorie in der Kantischen Philosophie, von August Stadler, 1876.

Stadler, Teleologie = Kants Teleologie und ihre erkenntnistheoretische Bedeutung, von August Stadler, 1874.

Stammler, Gutachtliche Äusserungen = Gutachtliche Äusserungen zu den Vorschlägen zur Organisation einer Eidgenössischen Hochschule für Rechts- und Staatswissenschaft, von Rudolf Stammler, 1889.

Stammler, Wirtschaft und Recht = Wirtschaft und Recht nach der materialistischen Geschichtsauffassung, von Rudolf Stammler, 1896.

Thöl, Einleitung = Einleitung in das deutsche Privatrecht, von Heinrich Thöl, 1851.

Unger, Österreichisches Privatrecht 1 = System des österreichischen allgemeinen Privatrechts, von Joseph Unger, 1. Bd., 3. Aufl., 1868.

Windscheid, Aufgaben der Rechtswissenschaft = Die Aufgaben der Rechtswissenschaft, von Bernhard Windscheid, 1884.
Windscheid, Pandekten = Lehrbuch des Pandektenrechts, von Bernhard Windscheid, 7. Aufl., 1891.
Windscheid, Recht und Rechtswissenschaft = Recht und Rechtswissenschaft, von Bernhard Windscheid, 1854.
Wundt, Methodenlehre = Methodenlehre, von Wilhelm Wundt, 1883.
Zitelmann, Irrtum und Rechtsgeschäft = Irrtum und Rechtsgeschäft, von Ernst Zitelmann, 1879.

Einleitung.

I. Ein Beitrag zur Lehre von den Rechtsbegriffen möchten diese Ausführungen sein, nicht zu einer Lehre, die schon bestände, sondern zu einer solchen, die erst geschaffen werden soll.

Unausgesetzt hat man sich bemüht, alle möglichen engeren und weiteren Rechtsbegriffe zu bestimmen; die Begriffe des Eigentums, des Hochverrates, des Verbrechens, des Bundesstaats, des Vertrages, des Rechtsverhältnisses, der Rechtsnorm sind eingehend erörtert worden. Aber über die Rechtsbegriffe selbst als eine besondere Art von Begriffen Klarheit zu gewinnen, um alsdann bei ihrer Bildung und ihrem Gebrauch mit grösserer Sicherheit verfahren zu können, dieses Bestreben ist, so nahe es liegt, nur in geringem Masse hervorgetreten.

Dass die gelegentlichen Bemerkungen verschiedener, wenn auch noch so verdienstvoller Schriftsteller[1]) eine Lehre von den Rechtsbegriffen nicht haben schaffen können, ist bei einem Gegenstande, den seine Allgemeinheit ebenso schwierig wie bedeutend macht, leicht zu begreifen.

Aber auch den beiden Schriftstellern, die sich eingehender mit den Rechtsbegriffen beschäftigt haben,[2]) ist es kaum

---

[1]) *Feuerbach,* Philosophie und Empirie S. 50—68; *Windscheid,* Pandekten 1 § 24 (S. 59—60); *Brinz:* Vierteljahrsschrift 2 S. 1—37; *Schlossmann,* Vertrag § 31 (S. 235—243); *Zitelmann,* Irrtum und Rechtsgeschäft S. 17—19; *Wundt,* Methodenlehre S. 603—609; *Binding,* Strafrecht 1 § 2 (S. 11—13); *Stammler,* Gutachliche Äusserungen S. 16—17.

[2]) *v. Jhering:* Jahrbücher 1 S. 1—52, Geist des römischen Rechts 2 § 37—41 (S. 309—389); *Rümelin,* Juristische Begriffsbildung.

gelungen, sie uns näher zu bringen. *Rudolf von Jherings* glänzende Erörterungen führen uns zur vergleichenden Belehrung bald an den Arbeitstisch des Sprachforschers, bald in das Laboratorium des Chemikers; und doch werden wir, nachdem wir sie gelesen haben, schwerlich auch nur darüber Auskunft erteilen können, was denn nun eigentlich ein Rechtsbegriff ist. Und die Ausführungen von *Gustav Rümelin* untersuchen gar nicht, was Rechtsbegriffe sind, sondern lediglich, wie wir zu ihnen kommen, und am Ende gesteht er selber ein, dass er zu vollständig befriedigenden Ergebnissen nicht gelangt sei[1]).

II. Eine Lehre von den Rechtsbegriffen muss geschaffen werden. Hierfür sprechen beredter als irgendwelche Auseinandersetzungen alle die Unklarheiten und Unrichtigkeiten, die dem Fehlen einer solchen Lehre ihr Dasein verdanken.

Zu einer Lehre von den Rechtsbegriffen nun möchten diese Erörterungen ein erster Beitrag sein; nur ein Beitrag, denn wer möchte sich getrauen, mit einem Schlage eine solche Lehre zu schaffen; ein Beitrag freilich, der die Möglichkeit gewährte, verbreitete Meinungen wenigstens einigermassen zu klären und zu berichtigen.

Jene Unklarheiten und Unrichtigkeiten haben namentlich zwei Ursachen. Erstens ist man über das Wesen der Rechtsbegriffe im Dunkeln, und zweitens versäumt man es, drei Arten der Rechtsbegriffe zu unterscheiden, die notwendig unterschieden werden müssen. Im Folgenden soll deshalb zunächst (Kapitel 1) das Wesen der Rechtsbegriffe bestimmt, sodann (Kapitel 2) die notwendige Dreiteilung vorgenommen, zum Schluss aber (Kapitel 3) sollen die gewonnenen Ergebnisse durch Anwendung auf eine umfangreiche Klasse von Begriffen erprobt werden.

III. Der eine oder andere könnte vielleicht den Verdacht hegen, es solle hier „Begriffsjurisprudenz" getrieben werden.

Eine Begriffsjurisprudenz in dem Sinne, dass Rechtsnormen ohne Rücksicht auf ihren Zweck betrachtet würden[2]),

---

[1]) *Rümelin,* Juristische Begriffsbildung S. 39.

[2]) *v. Jhering,* Scherz und Ernst S. 347.

wäre gewiss verwerflich; „der Zweck ist der Schöpfer des ganzen Rechts“ [1]), man kann den Begriff einer Rechtsnorm nicht richtig bestimmen, ohne ihren Zweck erkannt zu haben. Eine Begriffsjurisprudenz in dem Sinne aber, dass man von Rechtsnormen unter Berücksichtigung ihres Zweckes Begriffe zu bilden sucht, ist die einzige rechtswissenschaftliche Thätigkeit, die uns dem erstrebten Ziele nähern kann; denn eine jede Wissenschaft ist ein System von Begriffen, und nur durch die Bestimmung seines Begriffes wird ein Gegenstand Eigentum einer Wissenschaft.

Hier aber soll weder Begriffsjurisprudenz noch überhaupt Jurisprudenz getrieben werden. Die vorliegende Arbeit will nicht irgendwelche Gegenstände der Rechtswissenschaft erkennen, sondern sie will das Wesen der Begriffe bestimmen, durch welche die Rechtswissenschaft ihre Gegenstände erkennt. Sie ist ein Versuch der Rechtswissenschaft, sich über sich selbst klar zu werden.

---

[1]) *v. Jhering,* Zweck im Recht I S. III.

Erstes Kapitel.

Rechtsbegriffe.

I. Die Augfabe.

I. Die Äusserungen, die wir über die Rechtsbegriffe vernehmen, stehen *in mannigfachem Gegensatz zu einander.*

Einerseits bezeichnet man die Rechtsbegriffe als in den Rechtssätzen enthalten[1]), als Bestandteile der Rechtssätze[2]); man sagt, der Gesetzgeber könne den Begriff mit derselben Freiheit konstituieren, mit welcher der Techniker eine Maschine konstruiere[3]); oder man behauptet, dass zwar nicht alle Rechtsbegriffe in dem Umfange der Gesetzgebung lägen, aber doch diejenigen, deren Merkmale nur aus rechtlichen Bestimmungen zusammengesetzt seien[4]). *Anderseits* fordert man von der Rechtswissenschaft die Präzipitierung der Rechtssätze zu Rechtsbegriffen[5]), die Verflüchtigung des gegebenen Rohstoffes zu Begriffen[6]); man sagt, die Rechtswissenschaft müsse Begriffe bilden und auf deren Grund ihr Gebäude aufrichten[7]); man zählt die Schaffung juristisch brauchbarer Begriffe im logischen Sinne zu den wichtigsten Aufgaben der Rechtswissenschaft[8]).

---

[1]) *Windscheid,* Pandekten 1 § 24 (S. 59).

[2]) *Zitelmann,* Irrtum und Rechtsgeschäft S. 17.

[3]) *Rümelin,* Juristische Begriffsbildung S. 12—13.

[4]) *Feuerbach,* Philosophie und Empirie S. 54—55; ähnlich *Windscheid,* Aufgaben der Rechtswissenschaft S. 15.

[5]) *v. Jhering,* Geist des römischen Rechts 1 § 3 (S. 39.)

[6]) *v. Jhering:* Jahrbücher 1 S. 9.

[7]) *Windscheid,* Recht und Rechtswissenschaft S. 13.

[8]) *Rümelin,* Juristische Begriffsbildung S. 18.

Auf der *einen* Seite sagt man, die Rechtswissenschaft müsse ein System von Begriffen aufstellen, die allgemein genug seien, dass sich das ganze Rechtsleben in sie einordnen lasse[1]). Und auf der *andern* erklärt man, aus Begriffen allein bestehe keine Wissenschaft, das eigentliche Wissen in der Rechtswissenschaft sei in den Rechtssätzen enthalten[2]), die Rechtswissenschaft bestehe aus Rechtsbegriffen und Rechtsvorschriften[3]), sie habe die aus den Bestimmungen des bestehenden Rechts gewonnenen Begriffe und allgemeinen Grundsätze in ein ihrer Natur entsprechendes Verhältnis zu setzen[4]), sie habe in einem einheitlichen Ganzen geordneter Begriffe und Regeln den Inhalt des Rechts zur Anschauung zu bringen[5]).

Hier bestimmt man die Rechtsbegriffe als diejenigen Begriffe, die als Bestandteile eines Rechtssatzes vorkämen[6]). Und *dort* kennzeichnet man sie als Begriffe von denjenigen Dingen, welche durch das Recht seien, also von den Rechten im subjektiven Sinne, von den Rechtsgeschäften, allenfalls von dem Recht in abstracto und seinen Sätzen selbst[7]).

II. So scheinen die Meinungen sowohl über das, was den Rechtsbegriffen mit anderen Begriffen gemeinsam, wie über das, was ihnen jenen gegenüber eigentümlich ist, verschieden zu sein. Sind aber diese Meinungsverschiedenheiten vielleicht nur scheinbare? verbirgt sich vielleicht unter ungenauen Wendungen das Einverständnis in der Sache? Oder bestehen sie in Wirklichkeit? und wie hat man alsdann zu entscheiden?

Die Antwort kann nur durch Bestimmung des *Wesens der Rechtsbegriffe* gegeben werden. Und zwar ist zunächst (Abschnitt II) zu bestimmen, was die Rechtsbegriffe mit anderen Begriffen gemein haben, sodann weiter (Abschnitt III), wodurch sie sich von anderen Begriffen unterscheiden.

---

[1]) *Wundt,* Methodenlehre S. 607.
[2]) *Feuerbach,* Philosophie und Empirie S. 68.
[3]) *Leibniz,* Nova methodus 2 § 6, 23 (S. 181—182, 187).
[4]) *Loening:* Zeitschrift 3 S. 223.
[5]) *Merkel,* Juristische Enzyklopädie § 357—358 (S. 171—172).
[6]) *Zitelmann,* Irrtum und Rechtsgeschäft S. 17.
[7]) *Brinz:* Vierteljahrsschrift 2 S. 28.

II. Die Rechtsbegriffe als Begriffe.

1. Begriffe.

I. Das Wesen des Begriffs ist nicht so sicher erkannt, wie es auf den ersten Blick scheinen könnte.

Das Wort Begriff wird in verschiedenen Bedeutungen gebraucht. Bald bezeichnet man damit jede Vorstellung [1], bald nur die Vorstellung einer Gattung [2], bald die Erfassung der in einer Vorstellung enthaltenen Anschauung durch den Verstand [3]. Wenn hier nach dem Wesen des Begriffs gefragt wird, so ist unter Begriff dasjenige gemeint, was man im Auge hat, wenn man den Begriff eines Gegenstandes von den nichtbegrifflichen Vorstellungen dieses Gegenstandes unterscheidet, eben dasjenige auch, was man beim Suchen nach dem Begriff eines Gegenstandes auffinden und in einer Begriffsbestimmung mitteilen will, und worum es sich handelt, wenn man eine Begriffsbestimmung für richtig oder für falsch erklärt.

Was ein Begriff in diesem Sinne ist, das ist keineswegs unzweifelhaft festgestellt. Insbesondere kann der häufig gehörte Satz, ein Begriff sei eine Vorstellung, welche das mehreren anderen Vorstellungen Gemeinsame in eins zusammenfasse, nicht als genügende Antwort auf die Frage erachtet werden. Denn *erstens* widerstreitet jener Satz der Thatsache, dass es Begriffe von Einzelnem giebt [4]; in dem Begriff des Raumes, der Wahrheit, der Welt, des Deutschen Reiches wird keineswegs das mehreren Vorstellungen Gemeinsame zusammengefasst; namentlich enthalten diese Begriffe nicht etwa das, was die verschiedenen Vorstellungen von ihren Gegenständen mit einander gemein haben. *Zweitens* aber wird jener Satz auch nicht einmal den Gattungsbegriffen gerecht. Entweder nämlich bedeutet er, dass es in dem Begriffe wirklich gelingt, das mehreren Vorstellungen Gemein-

[1]) Beispiele: *Grimm,* Deutsches Wörterbuch 1 S. 1312—1313.
[2]) Zum Beispiel *Stadler,* Erkenntnistheorie S. 16, 32, 62.
[3]) Zum Beispiel *Kant,* Kritik der reinen Vernunft S. 74—76.
[4]) Siehe *Lotze,* Logik § 20 (S. 44).

same zusammenzufassen; dann würden wir niemals zu einem Begriffe gelangen, weil der Fortschritt der Wissenschaft es immer wieder möglich macht, das mehreren Vorstellungen Gemeinsame genauer zu bestimmen. Oder aber jener Satz hat den Sinn, dass der Begriff nur ein Versuch ist, das mehreren Vorstellungen Gemeinsame zusammenzufassen; in diesem Falle wären die verschiedensten Vorstellungen ein und derselben Gattung Begriffe, und der Unterschied des Begriffes von nichtbegrifflichen Vorstellungen wäre aufgehoben.

Die Frage nach dem Wesen des Begriffs ist schwieriger, als sie zunächst erscheint, und so kann es nicht wunder nehmen, wenn auch der Weg zu ihrer Lösung länger ist, als man vielleicht erwartete. Es muss zuerst bestimmt werden, wie sich ein Gegenstand zu unseren Vorstellungen dieses Gegenstandes verhält; erst hiernach kann der Begriff des Gegenstandes von unseren nichtbegrifflichen Vorstellungen des Gegenstandes geschieden werden.

II. *Der Gegenstand und seine Vorstellungen.*

1. Von einem Gegenstande, mag er nun ein Ding, ein Vorgang, eine Beziehung oder eine Gattung von solchen sein, unterscheiden wir ganz allgemein die Vorstellungen, die wir von ihm haben. Wir fassen Vorstellungen als Vorstellungen desselben Gegenstandes zusammen, zum Beispiel mit Beziehung auf die Entdeckung Amerikas oder das Silber die Vorstellungen, die sich irgendwelche Menschen von jenem Ereignis oder diesem Metalle machen. Wir beurteilen ferner Vorstellungen danach, ob sie ihrem Gegenstande mehr oder minder entsprechen; wenn ein Chinese sich unter Bismarck einen Gelehrten denkt, oder wenn man früher in dem Sonnenaufgang eine Bewegung der Sonne zu sehen glaubte, so sagen wir, dass diese Vorstellungen unrichtig sind. Wie verhält sich hier der Gegenstand zu unseren Vorstellungen von dem Gegenstande?

Dieses Verhältnis wird zunächst einem jeden so erscheinen, dass der Gegenstand ein an sich Seiendes ist, nach welchem sich unsere Vorstellungen von ihm richten. Nach dieser Auffassung verhalten sich unsere Vorstellungen zu ihren Gegenständen wie Abbilder zu den Urbildern; mehrere

Abbilder desselben Urbildes sind Vorstellungen des gleichen Gegenstandes und lassen sich mit Beziehung darauf beurteilen, ob sie ihrem Urbild in höherem oder geringerem Grade entsprechen. — Indessen ist es leicht einzusehen, dass diese Auffassung eine Täuschung ist. Uns ist nichts anderes gegeben, als unsere Vorstellungen; nimmt man selbst an, „es gäbe" ausser diesen Vorstellungen noch irgend ein an sich Seiendes, so können wir jedenfalls von ihm nichts wissen[1]). Wie aber können wir unsere Vorstellungen als mehr oder minder entsprechende Vorstellungen ein und desselben Gegenstandes betrachten, wenn uns von diesem Gegenstande niemals auch nur das Geringste bekannt werden kann? Wie können wir mit Beziehung auf ein Urbild Abbilder zusammenfassen und deren Treue prüfen, wenn uns über jenes Urbild auch nicht einmal eine Vermutung gestattet ist? Die Gegenstände unserer Vorstellungen können also nicht ausserhalb unserer Vorstellungswelt liegen.

So mag man zu der Annahme hingedrängt werden, dass die Gegenstände und unsere Vorstellungen von ihnen ein und dasselbe seien. — Aber wie? Sollte wirklich der Sonnenaufgang, den ich in diesem Augenblicke zusammen mit tausend anderen Wesen betrachte, weiter nichts sein als die Vorstellung, die sich ein jedes dieser Wesen von ihm macht? Sollte er ebenso oft stattfinden, wie er sich in verschiedenen Köpfen darstellt? Und sollte er je nach dem Bilde, das von ihm in diesen verschiedenen Köpfen entsteht, bald eine Bewegung der Erde, bald eine Bewegung der Sonne sein?

Man mag sich vielleicht auf die Ansicht zurückziehen, die Gegenstände seien keineswegs ein und dasselbe mit allen, vielmehr nur mit den richtigen Vorstellungen, die wir von ihnen haben. — Aber ist nicht heute unrichtig, was gestern richtig war, und wird nicht, was heute richtig ist, morgen seinerseits unrichtig sein? ist nicht unsere Erkenntnis in einem unaufhörlichen Fortschritt begriffen? und will man wirklich annehmen, dass jener Sonnenaufgang mit jeder neuen Stufe, die unsere Erkenntnis ersteigt, ein anderer Gegenstand

[1]) Siehe *Kant*, Kritik der reinen Vernunft S. 235, 522.

werde? Und angenommen, es gäbe wirklich ein endgültig richtiges Vorstellen, soll dann wirklich jener Sonnenaufgang so oft stattfinden, wie sich Menschen eine richtige Vorstellung von ihm machen? Es ist klar, wenn auch die Gegenstände unserer Vorstellungswelt angehören müssen, so können sie doch nicht mit unseren Vorstellungen von ihnen und auch nicht einmal mit unseren richtigen Vorstellungen von ihnen ein und dasselbe sein.

Wenn wir also die Gegenstände weder als ein an sich Seiendes, das ausserhalb unserer Vorstellungswelt liegt, noch auch anderseits als ein und dasselbe mit irgendwelchen Vorstellungen von ihnen betrachten dürfen, wie sollen wir uns ihr Verhältnis zu den Vorstellungen von ihnen denken?

2. Jede Vorstellung *erfasst Wahrnehmungen*, das heisst einfache Eindrücke der Sinne oder des Selbstbewusstseins, also zum Beispiel Gehörs-, Gesichts-, Geschmacks-, Lust- und Schmerzempfindungen [1]; und sie erfasst sie dadurch, dass sie sie in ein grösseres Wahrnehmungsgebiet einordnet und auf diese Art sowohl untereinander als mit anderen Wahrnehmungen verknüpft, ihnen zum Beispiel eine Stelle im Raume, in der Zeit, in einem ursächlichen Zusammenhange, in einem System von Arten und Gattungen anweist [2]. Die Wahrnehmungen sind der Stoff, ihre Erfassung ist die Form der Vorstellung [3].

Die Erfassung eines Kreises von Wahrnehmungen in unserem Vorstellen ist eine *zufällige* je nach der zufälligen Beschaffenheit des Bewusstseins, in dem eine Vorstellung gebildet wird [4]. Die mannigfachen Wahrnehmungen zum Beispiel, die mit irgend einem Hause gegeben sind, werden von dem einen auf diese, von dem andern auf jene Art erfasst.

---

[1]) Siehe *Kant*, Kritik der Urteilskraft § 3 (S. 8—9); *Stadler*, Erkenntnistheorie S. 28—30, 131; *Spencer*, Psychologie 1 § 65 (S. 171).

[2]) Siehe *Spencer*, Psychologie 1 § 65 (S. 171—172), § 67 (S. 175—176). „Zusammenfassung": *Stadler*, Erkenntnistheorie S. 40—42; „Verbindung": *Natorp*, Psychologie S. 23—31.

[3]) Siehe *Kant*, Kritik der reinen Vernunft S. 34, 74—76; *Spencer*, Psychologie 1 § 65 (S. 170—173).

[4]) Siehe *Kant*, Kritik der reinen Vernunft S. 77; *Natorp:* Monatshefte 23 S. 267—269, 273; *Erdmann*, Logik 1 § 1 (S. 1—2).

Wir machen uns aber eine Idee[1]) von der ***notwendigen Erfassung*** eben der Wahrnehmungskreise, die in diesem oder jenem Bewusstsein nur zufällig erfasst werden[2]). Wir haben nämlich die *Idee der Wahrnehmungseinheit,* das heisst die Vorstellung eines Zieles, das in der widerspruchslosen einheitlichen Erfassung aller und jeder Wahrnehmung besteht[3]). Diese Idee ist die Bedingung alles unseres Erkennens[4]), sie liegt unserm Streiten und Beweisen zu Grunde, im Hinblick auf sie bezeichnen wir eine Ansicht als richtig, und eine falsche Ansicht ist für uns eine solche, die entweder „in sich selbst Widersprüche enthält" oder der doch „irgendwelche Thatsachen widersprechen". Diese Idee nun, die sich auf die Gesamtheit aller Wahrnehmung bezieht, wenden wir auf einzelne Kreise von Wahrnehmungen an[5]); wir haben die

---

[1]) Ideen: *Kant,* Kritik der reinen Vernunft S. 366—377, 383, 593, 672; *Stadler,* Teleologie S. 17, 18. „Liegen ganz ausserhalb den Grenzen möglicher Erfahrung": *Kant,* Kritik der reinen Vernunft S. 672, 689, 370, 377, 384. Ideen als „heuristische Grundsätze": *Kant,* Kritik der reinen Vernunft S. 691, 699; als „regulative Prinzipien": *Kant,* Kritik der reinen Vernunft, S. 699, 702, 675; Idee als „Aufgabe": *Kant,* Kritik der reinen Vernunft S. 380; als „Problem": *Kant,* Kritik der reinen Vernunft S. 674; als „Kanon": *Kant,* Kritik der reinen Vernunft S. 385; als „Maximum": *Kant,* Kritik der reinen Vernunft S. 384, 374; als „focus imaginarius": *Kant,* Kritik der reinen Vernunft S. 672—673; als „Urbild": *Kant,* Kritik der reinen Vernunft S. 374.

[2]) „Notwendige Verknüpfung": *Kant,* Kritik der reinen Vernunft S. 218, 238; *Stadler,* Erkenntnistheorie S. 10, 14. „Wir abstrahieren von allen empirischen Bedingungen, unter denen unser Verstand ausgeübet wird": *Kant,* Kritik der reinen Vernunft S. 77; *Natorp:* Monatshefte 23 S. 269.

[3]) „Das absolute Ganze aller Erscheinungen eine Idee": *Kant,* Kritik der reinen Vernunft S. 384. „Die Idee von der Form eines Ganzen der Erkenntnis": *Kant,* Kritik der reinen Vernunft S. 673. „Systematische oder Vernunfteinheit als Idee": *Kant,* Kritik der reinen Vernunft S. 673—696, 698, 699, 383; als „regulatives Prinzip": *Kant,* Kritik der reinen Vernunft S. 702; *Stadler,* Erkenntnistheorie S. 129, Teleologie S. 15—20, 33, 35, 36; *Natorp,* Psychologie § 14 (S. 107). „Gesetz der Gesetzlichkeit": *Natorp:* Monatshefte 23 S. 285.

[4]) Siehe *Kant,* Kritik der reinen Vernunft S. 384—385.

[5]) Siehe *Kant,* Kritik der Urteilskraft S. XXIII—XXVI.

Idee der Erfassung eines Wahrnehmungskreises gemäss der höheren Idee der widerspruchslosen einheitlichen Erfassung aller und jeder Wahrnehmung; wir haben also zum Beispiel die Idee der Erfassung derjenigen Gesichts-, Tast-, Geruchs- und Geschmackswahrnehmungen, welche mit irgend einem Brote gegeben sind, gemäss der höheren Idee der Wahrnehmungseinheit. Und wie jene höhere Idee die Bedingung alles unseres Erkennens ist, so sind diese niedrigeren Ideen Bedingungen unserer Erkenntnis derjenigen Wahrnehmungskreise, auf die sie sich beziehen; sie sind es, im Hinblick auf welche wir über einen solchen Wahrnehmungskreis streiten, unsere verschiedenen Meinungen begründen und eine Erfassung des Wahrnehmungskreises als richtig oder falsch betrachten.

3. Wie sich aber *die Idee der Wahrnehmungseinheit auf einen einzelnen Kreis von Wahrnehmungen anwenden lässt*, dies bedarf der Erläuterung.

Die Anwendung der Idee der Wahrnehmungseinheit auf einen einzelnen Wahrnehmungskreis bedeutet *erstens* die Anforderung, dass diese Wahrnehmungen durchaus deutlich und unvermischt mit irgendwelchen anderen Wahrnehmungen vorgestellt werden[1]. Sobald nicht die sämtlichen Wahrnehmungen eines bestimmten Kreises deutlich vorgestellt werden, ist die Erfassung zufällig und entspricht nicht der Idee einer einheitlichen Erfassung aller Wahrnehmung; denn jetzt kann ein Teil jener Wahrnehmungen deutlich, ein anderer dagegen undeutlich oder auch jener undeutlich, dieser aber deutlich vorgestellt werden; von mehreren, die sich die Gattung Elefant vorstellen, kann sich der eine die Vielhufigkeit und Grösse, ein anderer die Form des Kopfes und der Zähne, ein dritter noch andere Eigenschaften vorzugsweise deutlich machen. Desgleichen ist die Erfassung eines bestimmten Wahrnehmungskreises zufällig und nicht gemäss der Idee einer einheitlichen Erfassung aller Wahrnehmung, wenn die Wahrnehmungen dieses Kreises mit irgendwelchen anderen Wahrnehmungen vermischt werden; denn es kann nunmehr bald diese, bald

---

[1]) „Klarheit und Deutlichkeit“: *Erdmann,* Logik 1 § 31 (S. 156—163).

jene fremde Wahrnehmung beigemischt werden; von den mehreren, die sich die Gattung Elefant vorstellen, denkt vielleicht dieser an den einen, jener an einen anderen einzelnen Elefanten und dessen besondere Eigenschaften[1]). Die Idee der Wahrnehmungseinheit aber fordert, dass alle Wahrnehmung in einheitlicher Weise erfasst werde, und ihr kann also nur eine solche Erfassung eines bestimmten Wahrnehmungskreises entsprechen, welche einerseits alle ihn bildenden Wahrnehmungen sich gleich deutlich macht und anderseits ihnen gar keine fremden Wahrnehmungen beimischt.

Zweitens bedeutet die Anwendung der Idee der Wahrnehmungseinheit auf einen einzelnen Wahrnehmungskreis die weitere Anforderung, dass diese Wahrnehmungen in unserem Vorstellen in die Gesamtheit aller Wahrnehmung eingeordnet werden[2]). Sobald ein Kreis von Wahrnehmungen lediglich irgend einem besonderen Wahrnehmungsgebiete eingeordnet wird, ist seine Erfassung zufällig und nicht gemäss der Idee einer einheitlichen Erfassung aller Wahrnehmung; denn er kann ja nach Belieben den verschiedensten besonderen Wahrnehmungsgebieten eingeordnet werden; zum Beispiel lässt sich die Gattung Gold nicht nur den mehreren Arten der Gattung Metalle, sondern auch den mehreren Arten der Gattung gelbe Körper und so noch den mehreren Arten gar mancher anderen Gattung einordnen. Die Idee der Wahrnehmungseinheit aber verlangt, dass alle Wahrnehmung in einheitlicher Weise erfasst werde, und es kann ihr daher nur eine solche Erfassung eines Wahrnehmungskreises entsprechen, welche diese Wahrnehmungen der Gesamtheit aller Wahrnehmung einordnet.

4. Die Idee der notwendigen Erfassung eines Kreises von Wahrnehmungen, das heisst also die auf diesen Wahrnehmungskreis angewandte Idee der Wahrnehmungseinheit, ist einerseits die Richtschnur für alle zufälligen Erfassungen

---

[1]) „Repräsentation des Allgemeinen durch ein Besonderes, das so zum Typus wird": *Erdmann,* Logik 1 § 17 (S. 94).

[2]) „Die Idee der Vernunfteinheit postuliert ein System": *Kant,* Kritik der reinen Vernunft S. 673.

ebendesselben Wahrnehmungskreises[1]), sie ist anderseits das Band, welches diese zufälligen Erfassungen untereinander zusammenhält[2]).

Alles dies gilt aber auch vom Gegenstand im Verhältnis zu unseren Vorstellungen des Gegenstandes. Der Gegenstand ist das, wonach sich unsere Vorstellungen von ihm zu richten haben und was sie als Vorstellungen ein und desselben Gegenstandes untereinander verknüpft[3]).

Deshalb muss man sagen: *Ein Gegenstand ist nichts anderes als die Idee der notwendigen Erfassung eines Wahrnehmungskreises gemäss der höheren Idee der Wahrnehmungseinheit; die mannigfachen zufälligen Erfassungen ebendesselben Wahrnehmungskreises aber sind die Vorstellungen des Gegenstandes.* —

Sofern wir annehmen dürfen, dass die Idee der Wahrnehmungseinheit in uns allen, wenn auch nicht mit der gleichen Kraft, lebendig ist, lassen sich unsere Vorstellungen von einem Gegenstande als Versuche auffassen, einen bestimmten Wahrnehmungskreis gemäss der Idee der Wahrnehmungseinheit zu erfassen[4]); als Versuche freilich, bei denen wir den Irrtümern, die aus der zufälligen Beschaffenheit unseres Bewusstseins fliessen, unrettbar unterworfen sind und deshalb immer nur hoffen dürfen, uns jener Idee zu nähern, niemals aber, sie in Wirklichkeit zu erreichen[5]). Der Gegenstand aber stellt sich als das Ziel dar, welchem alle jene Versuche zustreben[6]); mit Beziehung auf dieses Ziel unter-

---

[1]) „Die Ideen richten den Verstand zu einem gewissem Ziele": *Kant,* Kritik der reinen Vernunft S. 672, 380; *Stadler,* Teleologie S. 10. Idee als „Urbild": *Kant,* Kritik der reinen Vernunft S. 374; als „Kanon": *Kant,* Kritik der reinen Vernunft S. 385.

[2]) Idee als „focus imaginarius": *Kant,* Kritik der reinen Vernunft S. 672—673.

[3]) Siehe *Kant,* Kritik der reinen Vernunft S. 236; *Natorp:* Monatshefte 23 S. 268, Psychologie § 6 (S. 29). „Der Gegenstand als Gesetz": *Natorp:* Monatshefte 23 S. 271—272.

[4]) Siehe *Natorp:* Archiv 1 S. 79—81, 86—87, 94—95.

[5]) Siehe *Kant,* Kritik der reinen Vernunft S. 372, 691.

[6]) Der Gegenstand als „Aufgabe": *Natorp:* Monatshefte 23 S. 283; *Cohen,* Ästhetik S. 125—126. Die Idee als „Aufgabe": *Kant,* Kritik der reinen Vernunft S. 380; als „Problem": *Kant,* Kritik der reinen Vernunft S. 674.

scheiden wir die richtige Vorstellung, die ihm mit einigem Erfolge zustrebt, von der unrichtigen und fassen mehrere dem gleichen Ziel zustrebende Vorstellungen als Vorstellungen ein und desselben Gegenstandes zusammen. Ein Sonnenaufgang als Gegenstand ist also das Ziel, diesen besonderen Wahrnehmungskreis gemäss der Idee der Wahrnehmungseinheit zu erfassen, die verschiedenen Vorstellungen von dem Sonnenaufgang aber sind Versuche, dieses Ziel zu erreichen, welche Vorstellungen um dieses Zieles willen als Vorstellungen ein und desselben Gegenstandes zusammengefasst und im Hinblick auf dieses Ziel als ihrem Gegenstande mehr oder minder entsprechend beurteilt werden.

III. *Der Begriff und die nichtbegrifflichen Vorstellungen.*

1. Unter den verschiedenen Vorstellungen eines Gegenstandes unterscheiden wir einerseits seinen Begriff und anderseits die nichtbegrifflichen Vorstellungen, die man sich von ihm macht. Wir suchen an die Stelle der nichtbegrifflichen Vorstellungen des Gegenstandes einen Begriff zu setzen, zum Beispiel an die Stelle der mannigfachen nichtbegrifflichen Vorstellungen der Sprache den Begriff der Sprache. Wir bezeichnen ferner eine Begriffsbestimmung, zum Beispiel die der Sprache, als richtig oder falsch, je nachdem sie den Begriff des Gegenstandes oder nur eine nichtbegriffliche Vorstellung von ihm mitteilt. Was bedeutet diese Unterscheidung zwischen dem Begriff und den nichtbegrifflichen Vorstellungen?

Man mag zunächst denken, der Begriff eines Gegenstandes unterscheide sich von den nichtbegrifflichen Vorstellungen desselben Gegenstandes dadurch, dass in jenem, nicht aber in diesen die Idee der Erfassung eines Wahrnehmungskreises gemäss der höheren Idee der Wahrnehmungseinheit ihre Verwirklichung finde. — Aber diese Idee kann niemals verwirklicht werden, eben weil sie eine Idee ist. Ihre Bedeutung besteht nicht darin, einer endgültigen Erfahrung zum Ruhepunkt, sondern dem unendlichen Fortschritt der Erfahrung[1]) zum Richtpunkt

[1]) „Der empirische Vernunftgebrauch folgt den Ideen nur gleichsam asymptotisch, ohne sie jemals zu erreichen“: *Kant,* Kritik der reinen Vernunft S. 691, 372, 384. „Erfahrung als Prozess“: *Natorp,* Religion S. 40; *Stadler,* Teleologie S. 29.

zu dienen. Die Zufälligkeit unseres Erkennens unterwirft uns dem Irrtum; was gestern richtig war, ist heute unrichtig, und was heute richtig ist, wird vielleicht schon morgen wieder unrichtig sein. Wenn also der Begriff eines Gegenstandes die Verwirklichung jener Idee wäre, so würde uns von keinem Gegenstande jemals ein Begriff gegeben sein. Der Begriff eines Gegenstandes wäre ein unerreichbares Ziel, und es gäbe keine richtige Begriffsbestimmung.

So mag man dazu getrieben werden, die Unterscheidung zwischen dem Begriff und den nichtbegrifflichen Vorstellungen eines Gegenstandes überhaupt zu verwerfen. — Aber ohne diese Unterscheidung lässt sich weder Wissenschaft noch wissenschaftliche Thätigkeit denken[1]. Denn Wissenschaft ist ein System von Begriffen[2], wissenschaftliche Thätigkeit aber das Bemühen, Begriffe zu bilden und zu ordnen. Unterschieden sich die Begriffe nicht von den nichtbegrifflichen Vorstellungen, so wäre ein System von Begriffen unmöglich, und es wäre sinnlos, die Bildung und Ordnung von Begriffen zu versuchen.

Wenn wir also den Unterschied zwischen dem Begriff und den nichtbegrifflichen Vorstellungen eines Gegenstandes weder leugnen noch auch anderseits darin sehen können, dass in dem Begriff, nicht aber in den nichtbegrifflichen Vorstellungen die Idee der Erfassung eines Wahrnehmungskreises gemäss der höheren Idee der Wahrnehmungseinheit Verwirklichung finde, worin sollen wir diesen Unterschied erblicken?

2. Die Idee der Erfassung eines Wahrnehmungskreises gemäss der höheren Idee der Wahrnehmungseinheit kann allerdings nicht verwirklicht werden. Aber es lassen sich doch im Hinblick auf sie *zwei Arten, einen Gegenstand vorzustellen,* von einander unterscheiden.

Die *eine* Art umfasst alle diejenigen Vorstellungen eines Gegenstandes, welche der Idee so nahe stehen, wie es auf der jeweiligen Stufe des menschlichen Erkennens möglich ist[3].

---

[1]) Siehe *Natorp,* Psychologie § 6 (S. 29).

[2]) Siehe *Kant,* Kritik der reinen Vernunft S. 860—863; *Stadler:* Archiv 2 (S. 7—13); *Jodl,* Psychologie S. 3—5.

[3]) „Annäherung" an eine Idee: *Kant,* Kritik der reinen Vernunft S 372, 384, 691.

Sie umfasst auf einer jeden Stufe des menschlichen Erkennens eine Mehrheit von Vorstellungen gleichen Inhalts, nämlich alle die zu verschiedenen Zeiten und bei verschiedenen Menschen vorhandenen Vorstellungen, die auf dieser Stufe des menschlichen Erkennens der Idee so nahe wie möglich stehen. Sie umfasst auf verschiedenen Stufen des menschlichen Erkennens Vorstellungen verschiedenen Inhalts; Vorstellungen eines gewissen Inhalts können, wenn sie auf der einen Stufe gebildet werden, der Idee so nahe wie möglich kommen, werden sie aber auf einer anderen Stufe gebildet, keineswegs die grösste mögliche Annäherung an die Idee bedeuten.

Die *andere* Art, einen Gegenstand vorzustellen, umfasst alle diejenigen Vorstellungen des Gegenstandes, welche der Idee nicht so nahe stehen, wie es auf der jeweiligen Stufe des menschlichen Erkennens möglich ist. Sie umfasst auf jeder Stufe des menschlichen Erkennens eine Mehrheit von Vorstellungen, die nicht nur durch ihr Vorhandensein zu gewissen Zeiten und bei gewissen Menschen, sondern auch durch ihren Inhalt von einander verschieden sind. Sie umfasst auf verschiedenen Stufen des menschlichen Erkennens Vorstellungen verschiedenen Inhalts; wiederum deshalb, weil Vorstellungen eines gewissen Inhalts, auf der einen Stufe gebildet, der Idee so nahe wie möglich kommen, während sie, auf einer anderen Stufe gebildet, durchaus nicht die grösste mögliche Annäherung an die Idee darstellen können.

3. Von diesen beiden Arten, einen Gegenstand vorzustellen, ist nun die erste nichts anderes als sein Begriff, während die zweite die nichtbegrifflichen Vorstellungen des Gegenstandes umfasst.

Der Begriff eines Gegenstandes ist also diejenige Art, ihn vorzustellen, welche der Erfassung dieses Wahrnehmungskreises gemäss der höheren Idee der Wahrnehmungseinheit so nahe kommt, wie es auf der jeweiligen Stufe des menschlichen Erkennens möglich ist; die nichtbegrifflichen Vorstellungen des Gegenstandes aber sind alle anderen Arten, ihn vorzustellen. —

Sobald man dies annimmt, vermeidet man sowohl die Klippe, dass sich der Begriff eines Gegenstandes als unerreichbares Ziel[1]), wie auch die andere, dass seine Unterscheidung von den nichtbegrifflichen Vorstellungen desselben Gegenstandes sich als ungerechtfertigt darstellt[2]); und indem man den Begriff als etwas Besonderes erkennt, vermag man eine Wissenschaft[3]), indem man aber immerhin etwas Wechselndes in ihm sieht, einen unaufhörlichen Fortschritt dieser Wissenschaft[4]) anzunehmen. Nunmehr ist es auch begreiflich, dass der Begriff eines Gegenstandes sich verändern und was heute Begriff war, morgen eine Art des nichtbegrifflichen Vorstellens werden kann[5]); sobald das menschliche Erkennen eine höhere Stufe erreicht, kann eine Vorstellungsweise, die der Idee auf der vorigen Stufe so nahe wie möglich kam, ihren Rang an eine andere Vorstellungsweise abtreten müssen. Nunmehr versteht man endlich, wie man über den Begriff eines Gegenstandes streiten kann, obwohl doch die Idee, in welcher der Gegenstand besteht, sich niemals verwirklichen lässt[6]); man streitet eben darüber, ob eine gewisse Vorstellungsweise der Idee so nahe kommt, wie es auf der gegenwärtigen Stufe des menschlichen Erkennens möglich ist.

2. Die Rechtsbegriffe als Begriffe.

Die Rechtsbegriffe sind Begriffe.

Die über das Wesen der Begriffe überhaupt gewonnene Erkenntnis kann somit dazu verwertet werden, verschiedene *Irrtümer* über die Rechtsbegriffe zu beseitigen.

I. Zunächst ist es unrichtig, wenn man die Rechtsbegriffe als in den Rechtssätzen enthalten[7]) oder als Bestandteile der Rechtssätze bezeichnet[8]) oder auch sagt, der Gesetz-

---

[1]) Siehe S. 14—15.
[2]) Siehe S. 15.
[3]) Siehe S. 15.
[4]) Siehe S. 14—15.
[5]) Siehe S. 15.
[6]) Siehe S. 14—15.
[7]) *Windscheid,* Pandekten 1 § 24 (S. 59).
[8]) *Zitelmann,* Irrtum und Rechtsgeschäft S. 17.

geber könne den Begriff mit derselben Freiheit konstituieren, mit welcher der Techniker eine Maschine konstruiere[1]), oder behauptet, dass zwar nicht alle Rechtsbegriffe in dem Umfange der Gesetzgebung lägen, aber doch diejenigen, deren Merkmale nur aus rechtlichen Bestimmungen zusammengesetzt seien[2]).

1. Die vom Gesetzgeber geschaffenen Rechtsnormen und ihre Elemente sind nicht Begriffe von irgendwelchen Gegenständen, sondern sie sind selbst Gegenstände, von denen begriffliche oder nichtbegriffliche Vorstellungen gebildet werden können; und insbesondere der Gesetzgeber selbst hat von den Merkmalen der Rechtsnormen, die er schafft, häufig nur eine Vorstellung, die weit entfernt von begrifflicher Vollkommenheit ist.

Wie überhaupt der Stoff einer Wissenschaft verschieden ist von der Form, in der sie ihn erfasst, so ist auch bei denjenigen Wissenschaften, deren Stoff menschliches Erzeugnis ist, die diesen Stoff schaffende Thätigkeit verschieden von der Thätigkeit, die ihn wissenschaftlich zu erfassen sucht. Die Rechtsnormen sind also ebenso verschieden von den Rechtsbegriffen, wie die Thätigkeit des Gesetzgebers von der des Rechtsgelehrten verschieden ist, was freilich nicht ausschliesst, dass beide ein und dieselbe Person sind.

Wollte man jene Ausdrucksweise verallgemeinern, so müsste man auch sagen, dass die Begriffe der Zoologie Bestandteile der Tiere seien und dass der Künstler in seinen Bildern, Bauten, Dichtungen Begriffe der Kunstwissenschaft, ja sogar dass der Geisteskranke durch die Ausbrüche seines Leidens Begriffe der Psychologie schaffe.

2. Die hier als unrichtig bezeichnete Auffassung ist so verbreitet, dass es der Mühe lohnt, der Ursache nachzuforschen, auf der sie beruht. Diese Ursache dürfte in der Meinung zu finden sein, als ob alle Rechtsnormen Urteile, alle Urteile aber Verbindungen von Begriffen seien; auf dieser

---

[1]) *Rümelin,* Juristische Begriffsbildung S. 12—13.

[2]) *Feuerbach,* Philosophie und Empirie S. 54—55; ähnlich *Windscheid,* Aufgaben der Rechtswissenschaft S. 15.

Grundlage nimmt man an, dass der Gesetzgeber in den Rechtsnormen Urteile und Begriffe schaffe. Indessen sind jene beiden Voraussetzungen unrichtig.

Erstens sind die Rechtsnormen keine Urteile, sondern lediglich Gegenstände möglicher Urteile. Manche Rechtsnormen, zum Beispiel die des Gewohnheitsrechtes, treten uns zunächst nur darin, dass ein menschliches Wollen für ein menschliches Verhalten massgebend ist, nicht aber in Form von Urteilen entgegen. Aber auch für diejenigen Rechtsnormen, die sogleich in Form von Urteilen auftreten, ist diese Form keineswegs wesentlich, was dadurch bewiesen wird, dass diese Urteile durch andere ersetzt werden können; statt dass man zum Beispiel sagt „Wer vorsätzlich einen Menschen tötet, wird, wenn er die Tötung mit Überlegung ausgeführt hat, wegen Mordes mit dem Tode bestraft", könnte man ebensogut sagen „Die vorsätzlich und mit Überlegung ausgeführte Tötung eines Menschen wird als Mord mit dem Tode bestraft" oder „Auf dem Morde, das ist der vorsätzlich und mit Überlegung ausgeführten Tötung eines Menschen, steht die Todesstrafe".

Zweitens gehört es aber auch gar nicht zum Wesen des Urteils, eine Verbindung von Begriffen zu sein. Das Urteil ist eine Vorstellungsverbindung, in der nicht nur begriffliche, sondern auch nichtbegriffliche Vorstellungen stehen können[1]; weitaus die meisten Urteile sind Verbindungen von Vorstellungen, die weit entfernt von der auf der jeweiligen Erkenntnisstufe möglichen Vollkommenheit sind. Dies zeigt sich überall, und es würde sich auch bei den Rechtsnormen zeigen, wenn sie Urteile wären; denn in der Regel hat weder der Gesetzgeber noch wer etwa sonst eine Rechtsnorm im Bewusstsein hat, von ihren Elementen eine Vorstellung, die sich der auf dieser Erkenntnisstufe möglichen Vollkommenheit auch nur einigermassen nähert.

3. Statt zu sagen, dass die Rechtsbegriffe in den Rechtssätzen enthalten, Bestandteile der Rechtssätze seien, müsste

---

[1]) *Sigwart*, Logik 1 § 5 (S. 25—29); *Erdmann*, Logik 1 §34—36 (S. 182—300).

man also vielmehr sagen, dass sie Bestandteile von Rechtssätzen zu Gegenständen hätten, und statt von den Rechtsbegriffen zu behaupten, der Gesetzgeber bilde sie mit grösserer oder geringerer Freiheit, müsste man dies vielmehr von ihren Gegenständen aussagen.

Aber man darf nicht glauben, es habe sich hier etwa nur darum gehandelt, Ausdrücke zu berichtigen. Es galt vielmehr, einer sachlichen Unklarheit ein Ende zu machen, welche in jener Redeweise nur zu Tage trat, deren Beseitigung aber notwendig auch zu einer Berichtigung der Ausdrücke führen musste.

II. Desgleichen sind unrichtig die Behauptungen des Inhalts, aus Begriffen allein bestehe keine Wissenschaft, das eigentliche Wissen in der Rechtswissenschaft sei in den Rechtssätzen enthalten[1]), die Rechtswissenschaft bestehe aus Rechtsbegriffen und Rechtsvorschriften[2]), sie habe die aus den Bestimmungen des bestehenden Rechts gewonnenen Begriffe und allgemeinen Grundsätze in ein ihrer Natur entsprechendes Verhältnis zu einander zu setzen[3]), sie habe in einem einheitlichen Ganzen geordneter Begriffe und Regeln den Inhalt des Rechts zur Anschauung zu bringen[4]).

1. Eine Wissenschaft, die etwas anderes als Begriffe enthielte, müsste entweder Gegenstände oder nichtbegriffliche Vorstellungen enthalten. *Gegenstände* können nun aber einer Wissenschaft nicht angehören. Ein Gegenstand ist die Idee der Erfassung eines Wahrnehmungskreises gemäss der höheren Idee der Wahrnehmungseinheit; eine Idee aber kann niemals und also auch nicht in einer Wissenschaft verwirklicht werden[5]). Von einer Wissenschaft fordern, dass sie Gegenstände enthalte, hiesse also von ihr das Unmögliche, Vollendung anstatt des Fortschreitens, begehren. Die Forderung aber, dass sie ausser den Gegenständen auch noch Begriffe enthalte und die einen zu den anderen in ein Verhältnis setze, wäre

[1]) *Feuerbach,* Philosophie und Empirie S. 68.

[2]) *Leibniz,* Nova methodus 2 § 6, 23 (S. 181—182, 187).

[3]) *Loening:* Zeitschrift 3 S. 223.

[4]) *Merkel,* Juristische Enzyklopädie § 537—538 (S. 171—172).

[5]) Siehe S. 14—15.

gradezu die Forderung des Sinnlosen; um diesem Anspruch gerecht zu werden, müsste die Wissenschaft zugleich vollendet sein und nach Vollendung streben, ihr Ziel erreicht haben und ihm entgegenschreiten.

Aber auch *nichtbegriffliche Vorstellungen* können einer Wissenschaft nicht angehören. Wenn sich die Wissenschaft von dem Getriebe zufälliger Vorstellungen unterscheiden soll, so kann es nur dadurch geschehen, dass sie ihre Gegenstände so vollkommen, wie es auf der jeweiligen Stufe des menschlichen Erkennens möglich ist, das heisst in Begriffen, vorstellt. Jede Wissenschaft ist ein System von Begriffen[1]; keine enthält etwas anderes als Begriffe; auch die Gesetze, die einer Wissenschaft angehören, wie das Gesetz der Erhaltung der Kraft oder das der Lautverschiebung, gehören ihr nur in den von ihnen gebildeten Begriffen an; selbst die Psychologie enthält nicht etwa nichtbegriffliche Vorstellungen, sondern vielmehr Begriffe von nichtbegrifflichen Vorstellungen.

Die Rechtswissenschaft besteht also nicht aus Rechtsbegriffen und Rechtsvorschriften, die sie zu einander in Beziehung zu setzen und zu ordnen hätte, sondern sie besteht lediglich aus Rechtsbegriffen, deren Gegenstände freilich Rechtsvorschriften sein können.

2. Die hier verworfene, weitverbreitete Auffassung scheint gleichfalls auf der Meinung zu beruhen, als ob die Rechtsnormen nicht nur in der Form von Urteilen thatsächlich aufzutreten pflegten, sondern ihrem Wesen nach Urteile seien; so gelangt man zu der Annahme, dass zu den Vorstellungen, die in dem Urteil verbunden sind, dieses selbst als ein weiterer Gegenstand des Erkennens hinzukomme. Es ist bereits gezeigt worden, dass jene Voraussetzung irrig ist; die Rechtsnormen sind keine Urteile, sondern Gegenstände, über welche Urteile abgegeben werden können[2].

Selbst wenn aber die Rechtsnormen ihrem Wesen nach Urteile wären, so würde darum die Rechtswissenschaft dennoch aus nichts als Begriffen bestehen. Denn ein Urteil, das für

---

[1]) Siehe S. 15.
[2]) Siehe S. 19.

gewöhnlich nur als Mittel des Fortschreitens einer Wissenschaft in Betracht kommt, wird Bestandteil einer Wissenschaft, also zum Beispiel der Logik, nur dadurch, dass sie von ihm einen Begriff bildet. Wären also auch die Rechtsnormen Urteile, so bestände dennoch die Rechtswissenschaft nur aus Begriffen, nämlich erstens aus den Begriffen jener Urteile selbst und zweitens aus denen ihrer Elemente; und zu der ersteren Art von Begriffen gehörte alsdann etwa der Begriff des Satzes, nach welchem wer vorsätzlich einen Menschen tötet, wenn er die Tötung mit Überlegung ausführt, wegen Mordes mit dem Tode bestraft wird, zu der zweiten aber gehörten die Begriffe der Tötung, des Vorsatzes, der Überlegung, der Todesstrafe.

3. Auch hier ist es leicht, den zunächst unrichtig ausgedrückten Gedanken den richtigen Ausdruck zu geben. Man muss dann sagen, dass die Rechtswissenschaft nicht nur Begriffe von Elementen einer Rechtsnorm und von Gattungen solcher Elemente, sondern auch Begriffe von Rechtsnormen und von Gattungen der Rechtsnormen zu bilden und alle diese Begriffe zum System zu ordnen hat.

Auch hier aber würde die Meinung irrig sein, als ob es sich nur um die Berichtigung von Ausdrücken gehandelt habe. Das worauf es ankam, war vielmehr die Entfernung einer sachlichen Unklarheit, die in jenem Sprachgebrauch nur ans Licht trat, mit deren Verschwinden aber notwendig auch die Ausdrücke berichtigt werden mussten.

III. Die Eigenart der Rechtsbegriffe.

1. Die Frage nach dem unterscheidenden Merkmal der Rechtsbegriffe.

I. *Die Rechtsbegriffe sind eine besondere Art von Begriffen.*

Eine besondere Art von Begriffen ist vorhanden, wenn mehrere Begriffe irgend ein gemeinsames Merkmal haben, durch das sie sich von allen anderen Begriffen unterscheiden. Die Rechtsbegriffe haben solch ein unterscheidendes Merkmal mit einander gemein[1]), darum werden sie im Gegensatz zu allen anderen Begriffen als Rechtsbegriffe bezeichnet.

Man könnte hiergegen vielleicht das Bedenken geltend machen, dass zwar ein Teil der Rechtsbegriffe, wie etwa der Begriff des Eigentums, der Staatsangehörigkeit, des Strafrechts, von allen nichtrechtlichen Begriffen sichtlich verschieden sei, dass aber ein anderer Teil, zum Beispiel der Begriff der Sache, der Wegnahme, der Absicht, anscheinend völlig den gleichen Inhalt mit gewissen nichtrechtlichen Begriffen habe[2]). Indessen schwindet dieses Bedenken bei genauerer Prüfung. Auch die Rechtsbegriffe der zweiten Art unterscheiden sich von allen nichtrechtlichen Begriffen durch das Merkmal, dass ihre Gegenstände als Elemente von Rechtsnormen, also etwa die Begriffe Sache, Wegnahme und Absicht als Elemente des § 242 des deutschen Reichsstrafgesetzbuchs, gedacht werden. Es handelt sich also hier nur um eine Täuschung, die dadurch hervorgerufen wird, dass die Sprache die Rechtsbegriffe zum Teil mit denselben Worten wie andere nichtrechtliche Begriffe bezeichnet. —

Welches aber *das unterscheidende Merkmal der Rechtsbegriffe* ist, das ist bisher nicht genügend bestimmt, obwohl *zwei Versuche* gemacht worden sind, die Rechtsbegriffe von anderen Begriffen abzugrenzen.

II. Der *erste* dieser beiden Versuche kommt darin zum Ausdruck, dass man gesagt hat, Rechtsbegriffe seien diejenigen Begriffe, die — das heisst also deren Gegenstände — als Bestandteile eines Rechtssatzes vorkämen[3]).

Hiernach wären zwar der Begriff der beweglichen Sache, der Begriff der Beschädigung, der Begriff der Geldstrafe im Sinne des § 303 des deutschen Reichsstrafgesetzbuchs Rechtsbegriffe; denn ihre Gegenstände kommen als Bestandteile eines Rechtssatzes vor. Dagegen wären der Begriff von dem § 303 des deutschen Reichsstrafgesetzbuchs selbst, der Begriff

---

[1]) Siehe *Brinz:* Vierteljahrsschrift 2 S. 28.

[2]) *Zitelmann,* Irrtum und Rechtsgeschäft S. 17—19; *Rümelin,* Juristische Begriffsbildung S. 12—13.

[3]) *Zitelmann,* Irrtum und Rechtsgeschäft S. 17.

des deutschen Reichsgesetzes, der Begriff der öffentlichrechtlichen Norm, der Begriff des Gewohnheitsrechtes, der Begriff der Rechtsordnung keine Rechtsbegriffe, weil diese Begriffe nicht Bestandteile irgendwelcher Rechtssätze, sondern die Rechtssätze selbst, ihre Gesamtheiten und Gattungen zu Gegenständen haben; und höchstens dadurch könnten ein Rechtssatz, eine Gesamtheit, eine Gattung von Rechtssätzen zu Gegenständen von Rechtsbegriffen werden, dass ein anderer Rechtssatz auf sie Bezug nähme.

Dieses wäre dasselbe, als wenn man zu den Begriffen der Zoologie zwar die Begriffe sämtlicher Organe der Tiere, aber nicht die Begriffe der Tiere selbst oder zu den Begriffen der Kunstwissenschaft zwar die Begriffe von den sämtlichen Teilen der Kunstwerke, aber nicht die Begriffe von dem Kunstwerk und seinen Arten zählen wollte. Niemand wird ernsthaft behaupten, dass der Begriff der öffentlichrechtlichen Norm oder der des Gewohnheitsrechtes kein Rechtsbegriff und dass die Bildung dieser Begriffe keine Aufgabe der Rechtswissenschaft sei. Jene Abgrenzung der Rechtsbegriffe ist also zu eng.

III. *Zweitens* hat man die Rechtsbegriffe von anderen Begriffen in der Art abzugrenzen gesucht, dass man gesagt hat, sie seien Begriffe von den „Dingen des Rechts", das heisst von denjenigen Dingen, welche durch das Recht seien, also von den Rechten im subjektiven Sinne, die nicht ohne das Recht seien, von den Rechtsgeschäften, die nicht ohne das Recht wirkten, allenfalls von dem Recht in abstracto und seinen Sätzen selbst [1]).

Nach dieser Ansicht würden der Begriff des Rechts, des Eigentums, des Kaufs Rechtsbegriffe sein. Ebensogut aber wären Rechtsbegriffe der Begriff des einer Gemäldegallerie zustehenden Eigentums an einer Madonna von Botticelli und der Begriff der Verpfändung einer Taschenuhr durch einen Studenten; denn beides sind Gegenstände, die „durch das Recht sind". Ja sogar der Begriff meines Eigentums an der Feder, mit der ich grade schreibe, wäre ein Rechtsbegriff,

---

[1]) *Brinz:* Vierteljahrsschrift 2 S. 28.

da dieses Recht „nicht ohne das Recht ist", und ein Rechtsbegriff wäre auch der Begriff des soeben von mir vorgenommenen Kaufs einer Schachtel Zündhölzer, denn dieses Rechtsgeschäft kann „ohne das Recht nicht wirken".

In Wirklichkeit wird niemand annehmen, dass irgend einer dieser Begriffe ein Rechtsbegriff und seine Bildung Sache der Rechtswissenschaft sei. Die Rechtswissenschaft hat es nur mit solchen Gegenständen zu thun, die unmittelbar mit den Rechtsnormen gegeben sind, und nur die Begriffe von solchen Gegenständen sind Rechtsbegriffe. Die Begriffe von den Dingen aber, die „durch das Recht sind", gehören, soweit ihre Bildung überhaupt erforderlich ist, derjenigen Wissenschaft an, die es mit der massenhaften Anwendung von Rechtsnormen auf besondere Thatbestände, mit den „sozialen Phänomenen", zu thun hat, also der Wirtschaftslehre, deren früher von den Nationalökonomen nicht genügend bestimmtes Gebiet neuerdings scharf umgrenzt worden ist[1]).

2. Das unterscheidende Merkmal der Rechtsbegriffe.

I. Wenn man die Rechtsbegriffe von anderen Begriffen unterscheiden will, so thut man gut, sich an zwei Thatsachen zu erinnern. Erstens, *die Rechtsbegriffe sind die Begriffe der Rechtswissenschaft*[2]).

Wenn man von einer *Wissenschaft* spricht, so meint man bald das Ziel einer Thätigkeit, bald diese Thätigkeit selbst. Als Ziel einer Thätigkeit ist jede Wissenschaft ein System von Begriffen[3]) und zwar das System der Begriffe von irgendwelchen besonderen Gegenständen, die man als Gegenstände dieser Wissenschaft bezeichnet. Als Thätigkeit ist jede Wissenschaft das Bemühen, von jenen Gegenständen Begriffe zu bilden und diese Begriffe zu ordnen.

---

¹) *Stammler,* Wirtschaft und Recht S. 188—304.

²) Siehe *Feuerbach,* Philosophie und Empirie S. 50—68; *Windscheid,* Recht und Rechtswissenschaft S. 13; *Binding,* Strafrecht 1 § 2 (S. 13).

³) Siehe S. 15.

Die *Rechtswissenschaft* als Ziel einer Thätigkeit ist hiernach das System der Begriffe von ihren Gegenständen. Und als Thätigkeit bemüht sie sich, von diesen Gegenständen Begriffe zu bilden und diese Begriffe zu ordnen. Die Begriffe aber, von denen die Rechtswissenschaft ein System und deren Bildung und Ordnung ihr Bemühen ist, sind eben das, was man als Rechtsbegriffe bezeichnet.

II. Die zweite Thatsache, an die man sich bei Unterscheidung der Rechtsbegriffe von anderen Begriffen erinnern muss, besteht darin, dass *die Rechtswissenschaft die Wissenschaft von den Rechtsnormen ist*[1]).

Die verschiedenen Wissenschaften unterscheiden sich von einander durch ihre *Gegenstände*[2]). Soll die Rechtswissenschaft eine besondere Wissenschaft sein, so muss sie also ihre besonderen Gegenstände haben.

Gegenstände der Rechtswissenschaft nun sind die Rechtsnormen. — Als Gegenstand der Rechtswissenschaft bezeichnet man meistenteils *„das Recht“*, *„das Recht im objektiven Sinne“*. Mit diesen Ausdrücken meint man jedoch nichts anderes als eine grössere oder kleinere Gesamtheit von Rechtsnormen. Bald versteht man darunter irgend eine beliebige Gesamtheit von Rechtsnormen[3]), bald die Gesamtheit der eine Rechtsordnung bildenden Rechtsnormen[4]), bald die Gesamtheit aller Rechtsnormen, die jemals irgendwo gegolten haben und gelten[5]). Hierbei legt man nicht den geringsten Wert darauf, wie gross die als das Recht, das Recht im objektiven Sinne zusammengefasste Gesamtheit von Rechtsnormen ist. Was man zum Ausdruck bringen will, ist vielmehr nur die Überzeugung, dass Gegenstände der Rechtswissenschaft die Rechtsnormen sind. — Unter diesen Umständen ist es besser, als

---

[1]) Siehe *Feuerbach,* Philosophie und Empirie S. 10—32; *Brinz:* Vierteljahrsschrift 2 S. 17—18; *Windscheid,* Aufgaben der Rechtswissenschaft S. 2—4; *Stammler,* Wirtschaft und Recht S. 83—244.

[2]) Siehe *Kant,* Prolegomena § 1 (S. 23); *Stadler:* Archiv 2 S. 1—37; *Natorp,* Psychologie § 1 (S. 2).

[3]) Zum Beispiel *Zitelmann,* Irrtum und Rechtsgeschäft S. 205, 219.

[4]) Zum Beispiel *Regelsberger,* Pandekten 1 § 9 (S. 58—60).

[5]) Zum Beispiel *Thöl,* Einleitung § 32 (S. 91).

Gegenstände der Rechtswissenschaft *die Rechtsnormen* zu bezeichnen[1]). Hierdurch wird eine Unbestimmtheit des Ausdrucks vermieden, die nur zu leicht Missverständnisse hervorrufen kann. Und ausserdem wird das Wort Recht für das frei, was man unschön genug als „Recht im subjektiven Sinne" dem „Recht im objektiven Sinne" gegenüberzustellen pflegt.

Soll aber der Satz, dass Gegenstände der Rechtswissenschaft die Rechtsnormen sind, einen unzweifelhaften Sinn haben, so muss bestimmt sein, was eine Rechtsnorm ist. Eine Rechtsnorm nun ist *eine Norm, die darauf beruht, dass Menschen ein Verhalten innerhalb eines sie selbst umfassenden Menschenkreises allgemein beobachtet wissen wollen.* Diese Begriffsbestimmung bedarf freilich der Erläuterung.

1. Die Rechtsnorm ist *eine Norm.*

Eine Norm ist die Idee eines richtigen Verhaltens. Ein richtiges Verhalten bedeutet ein solches, das entweder dem letzten Zweck alles menschlichen Verhaltens entspricht — unbedingt richtiges Verhalten, zum Beispiel die Achtung fremden Lebens — oder doch irgend einem zufälligen Zwecke — bedingt richtiges Verhalten, zum Beispiel die kunstgerechte Handhabung eines Nachschlüssels —. Die Idee eines richtigen Verhaltens aber bedeutet, dass das unbedingt oder bedingt richtige Verhalten nicht als Thatsache, sondern als Aufgabe, nicht als etwas Wirkliches, sondern als etwas zu Verwirklichendes vorzustellen ist — sie bedeutet nicht, dass ich das Leben meines Feindes thatsächlich schonen werde, sondern dass ich es zu schonen habe, nicht, wie der Dieb den Nachschlüssel in Wirklichkeit angewandt hat, sondern, wie er ihn hätte anwenden müssen. — Die Idee eines richtigen Verhaltens ist das, was wir als ein Sollen bezeichnen; wenn ich mir ein Sollen vorstelle, so stelle ich mir vor, was zu geschehen hat, um entweder den letzten Zweck alles menschlichen Verhaltens oder irgend einen zufälligen eigenen Zweck zu verwirklichen. Die Idee eines richtigen Verhaltens bedingt jede Beurteilung vergangenen Verhaltens, dieses kann nur im

---

[1]) Siehe *Thöl,* Einleitung § 33 (S. 96).

Hinblick auf sie als gut oder böse, zweckmässig oder unzweckmässig bezeichnet werden; sie bedingt auch jede Erwägung künftigen Verhaltens, nur im Hinblick auf sie prüft man, ob es gut oder doch wenigstens zweckmässig sein wird, sich in einer bestimmten Weise zu verhalten.

Jede Rechtsnorm stellt ein Verhalten als richtig hin, sie erklärt, dass es einem bestimmten Zweck entspricht. Und sie stellt dieses richtige Verhalten als Idee hin, sie bezeichnet es nicht als Thatsache, sondern als Aufgabe, sie sagt nicht, dass sich irgend jemand so verhält, sondern dass man sich so zu verhalten hat. Die Rechtsnorm ist daher eine Norm.

2. Die Rechtsnorm ist *eine Norm, die auf einem menschlichen Willen beruht.*

Eine Norm, die auf einem menschlichen Willen beruht, ist eine solche, kraft deren man sich irgendwie zu verhalten hat, um sich nicht mit dem Willen bestimmter Menschen in Widerspruch zu setzen und so von der im Dienste dieses Willens stehenden Macht ergriffen zu werden. Eine solche Norm stellt also ein Verhalten nur als bedingt richtig hin, nämlich als Mittel zu dem vielleicht von uns verfolgten, vielleicht aber auch verachteten Zwecke, mit dem Willen irgendwelcher Menschen im Einklang und also von der diesem Willen dienenden Macht verschont zu bleiben.

Jede Rechtsnorm sagt uns, dass wir uns irgendwie zu verhalten haben, um nicht dem Willen bestimmter Menschen zuwiderzuhandeln und dann unter ihrer Macht zu leiden. Sie stellt also ein Verhalten nur als bedingt richtig hin und belehrt uns nicht darüber, was gut, sondern nur darüber, was vorgeschrieben ist. Die Rechtsnorm ist daher eine Norm, die auf einem menschlichen Willen beruht.

3. Die Rechtsnorm ist *eine Norm, die darauf beruht, dass Menschen ein Verhalten für sich und andere wollen.*

Darauf, dass Menschen ein Verhalten für sich und andere wollen, beruht eine Norm dann, wenn der Wille, auf dem die Norm beruht, sich nicht nur auf andere, Nichtwollende, sondern zugleich auch auf die Wollenden selbst mit bezieht, wenn diese also nicht nur wollen, dass andere der Norm unterworfen sind, sondern auch selbst ihr unterworfen sein wollen.

Jede Rechtsnorm und von allen Normen nur die Rechtsnorm hat die Eigenschaft, dass der Wille, auf dem sie beruht, über die Wollenden hinausgreift und sie doch mitergreift. Der Satz „Wer eine fremde bewegliche Sache einem anderen in der Absicht wegnimmt, dieselbe sich rechtswidrig zuzueignen, wird wegen Diebstahls mit Gefängnis bestraft" beruht nicht nur auf dem Willen von Menschen, sondern jeder von diesen Menschen ist sich auch bewusst, dass der Satz zwar einerseits andere Menschen, anderseits aber auch ihn selbst betrifft. —

Man könnte vielleicht hier geltend machen, es sei doch nicht immer schon dadurch, dass Menschen ein Verhalten für sich und andere wollen, Recht gegeben, zum Beispiel nicht durch die Bestrebungen der französischen Bonapartisten das Kaisertum in Frankreich. Aber Recht ist ja auch gar nicht mit diesem blossen Willen gegeben, sondern erst dann, wenn auf diesem Willen eine Norm beruht, das heisst wenn in seinem Dienste eine so grosse Macht steht, dass er imstande ist, das Verhalten der Menschen, auf welche er sich bezieht, zu beeinflussen. Sobald sich der Bonapartismus so sehr und in solchen Kreisen ausbreiten würde, dass dies einträte, würde die Republik stürzen und damit das Kaisertum in der That in Frankreich Recht werden.

Man könnte sich ferner darauf berufen, dass in unumschränkten Monarchieen, zum Beispiel in Russland, das Recht lediglich auf dem Willen eines Monarchen beruhe, für den es doch nicht mitgilt. Aber das russische Recht beruht gar nicht auf dem Willen des Zaren; der Zar ist ein schwacher einzelner Mensch, und sein Wille ist an und für sich ganz ungeeignet, viele Millionen von Russen in ihrem Verhalten zu beeinflussen. Das russische Recht beruht vielmehr auf dem Willen aller derjenigen Russen — Bauern, Soldaten, Beamten —, welche aus den verschiedensten Gründen — Vaterlandsliebe, Eigennutz, Aberglauben — wollen, dass das, was der Zar will, in Russland Recht sei. Ihr Wille ist geeignet, das Verhalten der Russen zu beeinflussen; und wenn sie sich jemals so vermindern sollten, dass er hierzu nicht mehr geeignet wäre, so würde auch das, was der Zar will, in Russland nicht mehr Recht sein, wie die Geschichte der Revolutionen beweist.

4. Man hat behauptet, dass die Rechtsnorm *noch weitere Eigenschaften* habe.

Man hat *zunächst* gesagt, es gehöre zum Wesen der Rechtsnorm, erzwingbar oder gar auf besondere Art, durch gerichtliches Verfahren, staatliche Gewalt, erzwingbar zu sein.

Versteht man hierunter, dass die Befolgung jederzeit erzwungen werden könne, so tritt uns sofort die grosse Zahl von Fällen entgegen, in denen dies nicht gelingt. Wenn ein Schuldner zahlungsunfähig oder ein Mord begangen ist, so kann die Befolgung der verletzten Rechtsnormen nicht mehr nachträglich erzwungen werden, ihre Geltung aber wird hierdurch nicht beeinträchtigt.

Meint man mit der Erzwingbarkeit, dass die Befolgung der Rechtsnorm durch andere, für den Fall ihrer Verletzung gegebene Rechtsnormen gesichert sein müsse, so brauchen wir nur von der gesicherten zu der sichernden Norm eine Zeitlang weiter zu gehen, um zu Normen zu gelangen, deren Befolgung durch keine weitere Rechtsnorm gesichert ist. Will man diese Normen nicht als Rechtsnormen anerkennen, so dürfen auch die durch sie gesicherten Normen nicht als Rechtsnormen gelten, und so behält man im Zurückschreiten schliesslich überhaupt keine Rechtsnorm übrig.

Nur wenn man unter der Erzwingbarkeit der Rechtsnorm verstehen wollte, dass ein Wille, damit eine Rechtsnorm auf ihm beruhe, über eine gewisse Macht verfügen müsse, so würde man in diesem Sinne allerdings sagen können, dass die Erzwingbarkeit zum Wesen der Rechtsnorm gehöre. Aber diese Eigenschaft der Rechtsnorm wäre lediglich eine solche, die aus ihrer Eigenschaft, Norm zu sein, ableitbar wäre, und hätte deshalb keinen Anspruch darauf, dieser Eigenschaft als fernere Eigenschaft hinzugefügt zu werden.

Weiter hat man es als eine wesentliche Eigenschaft der Rechtsnorm bezeichnet, auf dem Willen eines Staates zu beruhen. Aber auch dort, wo von einem Staat und Staatswillen überhaupt nicht die Rede sein kann, zum Beispiel bei Nomadenvölkern, giebt es dennoch Rechtsnormen. Ausserdem ist jeder

Staat selbst ein Rechtsverhältnis, also erst durch Rechtsnormen gegeben, die mithin nicht auf seinem Willen beruhen können. Schliesslich können auch die Normen des Völkerrechts, die bestimmt sind, den Willen von Staaten zu binden, nicht auf dem Willen eines Staates beruhen.

Endlich hat man erklärt, es sei der Rechtsnorm wesentlich, dem Sittengesetz zu entsprechen. Wenn dies richtig wäre, so hätte man von den verschiedenen Rechtsnormen, die heute unmittelbar hintereinander in ein und denselben Gebiet oder gleichzeitig in verschiedenen unter denselben Bedingungen stehenden Gebieten gelten, immer nur eine als Rechtsnorm zu betrachten; denn es giebt unter denselben Bedingungen nur ein sittlich Richtiges. Man dürfte dann auch nicht von ungerechten Rechtsnormen sprechen, denn wenn sie ungerecht wären, so wären sie ja keine Rechtsnormen. In Wirklichkeit aber erkennt man, auch wenn Rechtsnormen unter denselben Bedingungen ganz verschieden bestimmen, sie dennoch sämtlich als Rechtsnormen an und bezweifelt nicht, dass es neben guten auch schlechte Rechtsnormen giebt.

5. Als eine Norm, die darauf beruht, dass Menschen ein Verhalten innerhalb eines sie selbst mitumfassenden Menschenkreises allgemein beobachtet wissen wollen, *unterscheidet sich die Rechtsnorm von allen anderen, auch den ihr ähnlichsten Normengattungen.*

Dadurch, dass sie auf dem Willen von Menschen beruht, unterscheidet sie sich vom *Sittengesetz* (dem Gebote der Sittlichkeit), dieses beruht nicht darauf, dass Menschen ein Verhalten wollen, sondern darauf, dass das Verhalten dem letzten Zweck alles menschlichen Verhaltens entspricht. Ein Sittengesetz ist der Satz „Liebet Eure Feinde, segnet die Euch fluchen, thuet wohl denen die Euch hassen, bittet für die so Euch beleidigen und verfolgen“; desgleichen der Satz „Handle so dass die Maxime Deines Willens jederzeit zugleich als Prinzip einer allgemeinen Gesetzgebung gelten könne“ — denn die Richtigkeit eines solchen Verhaltens gründet sich nicht darauf, dass andere Menschen es wollen, sondern darauf, dass es dem letzten Zweck alles menschlichen Verhaltens entspricht.

Dadurch, dass die Rechtsnorm auf dem Willen von Menschen beruht, unterscheidet sie sich auch von der *Sitte*, diese beruht nicht darauf, dass Menschen ein Verhalten wollen, sondern darauf, dass sie sich selbst irgendwie verhalten und hierdurch ein gleiches Verhalten für andere zweckmässig machen. Sitte ist es, dass man sich zu einem Balle im Frack und mit weissen Handschuhen begiebt, beim Essen das Messer nur zum Schneiden verwendet, sich vom Hausherrn und von der Hausfrau verabschiedet und zuletzt dem Diener sein Trinkgeld in die Hand drückt — denn die Richtigkeit eines solchen Benehmens beruht nicht darauf, dass andere Menschen dies von uns verlangen; denen, die etwa mit einer neuen Mode den Anfang machen, ist es oft gradezu unerwünscht, wenn sie in weitere Kreise dringt; sondern lediglich darauf, dass andere Menschen sich selbst in solcher Weise benehmen und dass wir „uns nicht auszeichnen", „uns nicht auffällig machen", „nicht von den anderen abstechen", „es ihnen gleichthun" möchten.

Dadurch, dass die Rechtsnorm auf einem Willen beruht, der sich zugleich auf andere, Nichtwollende und auf die Wollenden selbst bezieht, unterscheidet sie sich einerseits von dem *Willkürgebot*, bei dem jemand nur für andere, und anderseits von dem *Vorsatz*, bei dem jemand nur für sich selbst will. Ein Willkürgebot ist es, wenn Cortez mit seinen Spaniern den Mexikanern die Auslieferung ihres Goldes befahl oder auch wenn eine Räuberbande einer geängstigten Bevölkerung verbietet, ihre Schlupfwinkel zu verraten — hier ist freilich ein menschlicher Wille massgebend, aber ein solcher, der sich nur auf andere Menschen, nicht aber zugleich auch auf die Wollenden selbst bezieht. Ein Vorsatz ist gegeben, wenn ich mich entschlossen habe, täglich früh um sechs Uhr aufzustehen oder das Rauchen zu unterlassen oder eine Arbeit innerhalb einer bestimmten Frist zu Ende zu bringen — hier dient allerdings ein menschlicher Wille als Richtschnur, aber er bezieht sich nur auf den Wollenden selbst und gar nicht auf andere Menschen.

III. Daraus, dass *erstens* die Rechtsbegriffe die Begriffe der Rechtswissenschaft sind und dass *zweitens* die Rechtswissenschaft die Wissenschaft von den Rechtsnormen ist, ergiebt sich das unterscheidende Merkmal der Rechtsbegriffe. Die Rechtsbegriffe unterscheiden sich dadurch von allen anderen Begriffen, dass sie *Begriffe von Rechtsnormen* sind.

Alle Rechtsbegriffe sind Begriffe von Rechtsnormen, Begriffe von anderen Gegenständen als Rechtsnormen sind also keine Rechtsbegriffe. Dies ist ohne weiteres klar für die Begriffe von solchen Gegenständen, welche überhaupt mit Rechtsnormen nichts zu thun haben, somit auch gegeben sein könnten, wenn gar keine Rechtsnormen da wären, also etwa für den Begriff des Menschen, der Handlung, der Ursache, soweit diese Gegenstände nicht etwa als Elemente von Rechtsnormen gedacht werden.

Es gilt aber auch für die Begriffe derjenigen Gegenstände, die zwar ohne das Dasein von Rechtsnormen nicht gegeben sein können, die aber doch auch mit dem Dasein von Rechtsnormen nicht ohne weiteres gegeben sind, also namentlich für alle die mannigfachen Begriffe von „sozialen Phänomenen", das heisst besonderen Thatbeständen, auf welche Rechtsnormen Anwendung finden [1]), wie etwa für den Begriff der Mietwohnung eines preussischen Offiziers, der Zwangsversteigerung eines schlesischen Ritterguts, der im Jahre 1898 in Berlin begangenen strafbaren Handlungen.

Somit ist etwa der Begriff der Waffe zunächst ebensowenig ein Rechtsbegriff wie der Begriff des Verkaufs von Sprengstoffen. Denn die Waffe würde ein Gegenstand sein, auch wenn es keinerlei Rechtsnormen gäbe, und der Verkauf von Sprengstoffen ist als Gegenstand nicht schon mit irgendwelchen Rechtsnormen über den Kaufvertrag, sondern erst mit ihrer Anwendung auf besondere Vorgänge gegeben. Zu Rechtsbegriffen werden diese Begriffe erst dadurch, dass ihre Gegenstände als Elemente von Rechtsnormen gedacht werden, etwa die Waffe als Mittel der nach § 223a des deutschen Reichsstrafgesetzbuchs strafbaren Körperverletzung und der Verkauf von Sprengstoffen als die durch den § 9 des deutschen Reichsgesetzes vom 9. Juni 1884 verbotene Handlung.

---

[1]) Siehe S. 25.

3. Das unterscheidende Merkmal und die Mannigfaltigkeit der Rechtsbegriffe.

I. Man mag vielleicht zweifelhaft sein, ob wirklich die ganze Mannigfaltigkeit dessen, was man als Rechtsbegriffe bezeichnet, sich in die Formel Begriffe von Rechtsnormen zusammenfassen lässt. Aber dieser Zweifel schwindet, sobald man sich vergegenwärtigt, in wie mannigfacher Art jede Wissenschaft von ihren Gegenständen Begriffe bildet.

Sie bildet zunächst Begriffe von ihren Gegenständen als *einzelnen*, man darf nicht glauben, dass es nur Gattungsbegriffe gebe[1]. Und zwar sind diese Begriffe keineswegs nur Begriffe von den einzelnen Gegenständen selbst, wie etwa in der Kunstwissenschaft der Begriff des Kölner Domes. Sondern ebensogut sind sie auch Begriffe von Verbindungen mehrerer solcher Gegenstände, wie der Begriff von den gotischen Kirchen der Rheinlande; ferner von Elementen solcher Gegenstände, zum Beispiel der Begriff von den Türmen des Kölner Domes; endlich von Verbindungen der Elemente mehrerer solcher Gegenstände, zum Beispiel der Begriff von den Türmen der gotischen Kirchen der Rheinlande.

Jede Wissenschaft bildet sodann auch Begriffe von *Gattungen* ihrer Gegenstände, und diese Begriffe sind allerdings von viel grösserer Bedeutung als die von einzelnen Gegenständen. Und zwar sind auch sie durchaus nicht nur Begriffe von Gattungen der Gegenstände selbst, wie zum Beispiel in der Zoologie der Begriff des Adlers. Sondern sie sind ebensogut auch Begriffe von Gattungen der Verbindungen mehrerer solcher Gegenstände, wie etwa der Begriff der Fauna eines Landes; oder auch von Gattungen der Elemente solcher Gegenstände, wie zum Beispiel der Begriff des Stoffwechsels; oder endlich von Gattungen der Verbindungen der Elemente mehrerer solcher Gegenstände, wie der Begriff der innerhalb einer Rasse möglichen Besonderheiten.

II. Begriffe von Rechtsnormen sind hiernach *erstens*

---

[1]) Siehe S. 6.

möglich als *Begriffe von einzelnen Rechtsnormen.* Es giebt vier Arten solcher Begriffe.

1. *Begriffe von einer einzelnen Rechtsnorm.* Beispiel: der Begriff der in dem deutschen Bundesgesetz vom 1. Juni 1870 enthaltenen Norm, nach welcher die Staatsangehörigkeit in einem deutschen Bundesstaate durch gewisse Thatsachen erworben und durch gewisse andere verloren wird.

2. *Begriffe von einer einzelnen Gesamtheit mehrerer Rechtsnormen.* Eine Gesamtheit und eine Gattung[1]) unterscheiden sich dadurch, dass bei jener mehrere Gegenstände mit allen ihren Merkmalen und in einer Beziehung zu einander, bei dieser nur die gemeinsamen Merkmale mehrerer Gegenstände gedacht werden; die sämtlichen deutschen Professoren sind eine Gesamtheit, der deutsche Professor ist eine Gattung, das Planetensystem ist eine Gesamtheit, der Planet eine Gattung. Begriffe von einer einzelnen Gesamtheit mehrerer Rechtsnormen sind zum Beispiel der Begriff des im Deutschen Reich geltenden Urheberrechts, der Begriff der Strafgesetzgebung der Gegenwart, der Begriff des Verfassungsrechts aller Völker und Zeiten.

3. *Begriffe von einem einzelnen Element einer Rechtsnorm.* Beispiele: der Begriff der Verheiratung als eines Grundes der Erwerbung der Staatsangehörigkeit nach dem deutschen Bundesgesetz vom 1. Juni 1870, der Begriff der Urkunde, durch deren Ausfertigung nach diesem Gesetz die Naturalisation und die Aufnahme erfolgen, der Begriff des § 6 dieses Gesetzes.

4. *Begriffe von einer einzelnen Gesamtheit von Elementen mehrerer Rechtsnormen.* Beispiele: der Begriff des Verhältnisses der Reichsangehörigen zum Reich nach geltendem deutschem Reichsrecht, der Begriff der Stellung der deutschen Bundesfürsten nach Reichs- und Landesrecht.

III. *Zweitens* sind Begriffe von Rechtsnormen möglich als *Begriffe von Gattungen der Rechtsnormen.* Wie sich eine Gattung von einer Gesamtheit unterscheidet, ist bereits ge-

---

[1]) Siehe *Sigwart,* Logik 1 § 42 (S. 352—353); *Erdmann,* Logik 1 §§ 17, 18 (S. 88—105).

sagt[1]). Begriffe von Gattungen der Rechtsnormen giebt es in vierfacher Art.

1. *Begriffe einer Gattung von Rechtsnormen.* Beispiele: der Begriff der öffentlichrechtlichen Norm des geltenden deutschen Reichsrechts, der Begriff der deutschrechtlichen Norm, der Begriff der Norm des Gewohnheitsrechtes.

2. *Begriffe einer Gattung von Gesamtheiten mehrerer Rechtsnormen.* Beispiele: der Begriff des in einem deutschen Bundesstaat geltenden Verfassungsrechts, der Begriff der rechtlichen Regelung des Erwerbs und Verlustes der Staatsangehörigkeit, der Begriff der Rechtsordnung.

3. *Begriffe einer Gattung von Elementen einer Rechtsnorm.* Beispiele: der Begriff des Erwerbsgrundes der Staatsangehörigkeit nach dem deutschen Bundesgesetz vom 1. Juni 1870, der Begriff der Übertretung nach geltendem deutschem Reichsrecht, der Begriff der beweglichen Sache nach deutschem Recht.

4. *Begriffe einer Gattung von Gesamtheiten der Elemente mehrerer Rechtsnormen.* Beispiele: der Begriff der Rechte des Urhebers nach geltendem deutschem Reichsrecht, der Begriff des deutschen Reichsgesetzes, der Begriff des Lehens nach deutschem Recht, der Begriff des Einführungsgesetzes.

---

[1]) Siehe S. 35.

Zweites Kapitel.

Dreiteilung der Rechtsbegriffe.

I. Die Aufgabe.

I. Die üblichen Äusserungen über die Rechtsbegriffe leiden *an einem inneren Widerspruche.*

Man sagt, nicht bloss die Rechtssätze, sondern mit ihnen auch die Rechtsbegriffe änderten sich[1]), die realen Mächte, von denen der Inhalt des Rechts abhängig sei, liessen jetzt diese, jetzt jene Rechtsbegriffe Geltung erlangen[2]). Aber bedient sich nicht, wer eine solche „Änderung" der Rechtsbegriffe feststellt oder die gestern und heute „geltenden" Rechtsbegriffe miteinander vergleicht, eben hierbei solcher Rechtsbegriffe, die sich durchaus nicht ändern, vielmehr grade diejenigen Merkmale enthalten, welche jenen sich ändernden Rechtsbegriffen gemeinsam sind?

Man nennt zum Beispiel den Begriff des subjektiven Rechts bildsam je nach den Verschiedenheiten des geltenden Rechts und der herrschenden Lehre[3]). Verwendet man aber nicht, indem man die nach den Verschiedenheiten des geltenden Rechts verschiedenen Begriffe des subjektiven Rechts sämtlich doch als Begriffe des subjektiven Rechts bezeichnet und erkennt, einen durchaus anderen Begriff des subjektiven Rechts, der keineswegs so „bildsam" ist, vielmehr die jenen mannigfachen Begriffen gemeinsamen Merkmale enthält?

---

[1]) *v. Jhering,* Geist des römischen Rechts 2 § 39 (S. 348).
[2]) *Merkel,* Juristische Enzyklopädie § 360 (S. 172).
[3]) *Bekker,* Pandekten 1 § 18 (S. 49).

Oder man erklärt, Erwerb, Schenkung, Mord, Diebstahl, Betrug, diese und andere Rechtsbegriffe hätten in der Zeit des Dekalogs und der Zwölftafelgesetzgebung ungefähr in der nämlichen Allgemeinheit existiert wie heute[1]), oder auch, ein Weltalter, das die Eingeweide der Erde durchwühle, die Wasserkräfte nach menschlicher Willkür gestalte, die Luft durchschiffe und durch tausende von Drähten die Entfernungen überbrücke, ein Zeitalter der Hygieine, der Obsorge für gesunde Wohnstätten könne unmöglich den nämlichen Begriff des Eigentums an Grund und Boden haben wie das Zeitalter eines Septimius Sever oder eines Karl des Kahlen[2]). Aber wenn man von dem Betrugs- oder Grundeigentumsbegriff eines bestimmten Zeitalters redet, trotz der sehr mannigfachen Betrugs- und Grundeigentumsbegriffe, die in jedem Zeitalter neben- und nacheinander „existieren", warum redet man nicht von einem Begriffe des Betrugs oder des Grundeigentums, der für alle Zeitalter derselbe ist und die Merkmale enthält, die die Betrugs- oder Grundeigentumsbegriffe der verschiedensten Zeitalter miteinander gemein haben? Macht man nicht von einem solchen Begriffe eben dort Gebrauch, wo man behauptet, dass ein jedes Zeitalter seinen besonderen Begriff des Betrugs oder des Grundeigentums habe, indem man nämlich verschiedene Begriffe verschiedener Zeitalter als Begriffe des Betrugs oder des Grundeigentums bezeichnet und erkennt?

II. *Einerseits* behauptet man also, dass mit den Rechtsnormen die Rechtsbegriffe sich von heute auf morgen änderten, dass der Begriff des subjektiven Rechts verschieden sei je nach der Verschiedenheit des geltenden Rechts, dass die Begriffe des Erwerbs, der Schenkung, des Mordes, des Diebstahls, des Betrugs, des Grundeigentums in jedem Zeitalter ihren besondern Inhalt hätten. Und *anderseits* folgt aus diesen Behauptungen selbst, dass es Rechtsbegriffe giebt, die sich nicht mit den Rechtsnormen jedesmal ändern, dass es einen Begriff des subjektiven Rechts giebt, der unabhängig ist von

---

[1]) *Wundt,* Methodenlehre S. 603.

[2]) *Kohler:* Archiv 82 S. 146.

der Verschiedenheit des geltenden Rechts, und dass es Begriffe des Erwerbs, der Schenkung, des Mordes, des Diebstahls, des Betrugs, des Grundeigentums giebt, die den verschiedensten Zeitaltern gemeinsam sind.

Dieser innere Widerspruch kann nur dadurch überwunden werden, dass man *drei Arten der Rechtsbegriffe von einander scheidet.* Und zwar sind zunächst (Abschnitt II) die Glieder der Dreiteilung zu bestimmen, sodann ist (Abschnitt III) die Notwendigkeit der Dreiteilung darzuthun.

II. Die Glieder der Dreiteilung.

1. Dreiteilung der Rechtsbegriffe.

I. Man kann *drei Teile der Rechtswissenschaft* unterscheiden.

Der erste von ihnen umfasst *die Wissenschaften von einer Rechtsordnung.* Eine Rechtsordnung ist die Gesamtheit derjenigen Rechtsnormen, welche auf ein und demselben Wollen beruhen. Rechtsordnungen sind zum Beispiel das heutige Recht Preussens, das gegenwärtige deutsche Reichsrecht, das geltende europäische Völkerrecht. Die Wissenschaften von einer Rechtsordnung bilden Begriffe von den Normen dieser Rechtsordnung und ordnen diese Begriffe. Die Wissenschaften von einer Rechtsordnung haben also die Normen dieser Rechtsordnung zu Gegenständen.

Der zweite von den drei Teilen der Rechtswissenschaft besteht aus *den Wissenschaften von einem Rechtskreise.* Ein Rechtskreis ist eine beliebige Gesamtheit von Rechtsordnungen; hervorzuheben sind die Gesamtheiten solcher Rechtsordnungen, die bei einem bestimmten Volk oder auf einem bestimmten Teil der Erde gleichzeitig gelten oder nacheinander gegolten haben. Beispiele von Rechtskreisen sind das deutsche Recht und das heutige Recht Europas. Die Wissenschaften von einem Rechtskreis bilden diejenigen Begriffe von den Normen dieses Rechtskreises, die nicht schon durch die Wissenschaften von den verschiedenen Rechtsordnungen des Rechtskreises gebildet werden, und ordnen sämtliche Begriffe von den Normen dieses Rechtskreises insoweit, als dies nicht schon durch die Wissenschaften der verschiedenen den Rechtskreis bildenden Rechtsordnungen geschieht. Die Wissenschaften von einem Rechtskreis haben also zu Gegenständen die Normen dieses Rechtskreises, soweit diese nicht schon Gegenstände der Wissenschaften von den verschiedenen Rechtsordnungen des Rechtskreises sind.

Der dritte und letzte Teil der Rechtswissenschaft ist *die allgemeine Rechtswissenschaft*. Diese bildet diejenigen Begriffe von Rechtsnormen, die nicht schon durch die Wissenschaften der verschiedenen Rechtsordnungen und Rechtskreise gebildet werden, und ordnet sämtliche Begriffe von Rechtsnormen insofern, als dieses nicht schon die Wissenschaften der verschiedenen Rechtsordnungen und Rechtskreise thun. Gegenstände der allgemeinen Rechtswissenschaft sind also die Rechtsnormen überhaupt, ohne Einschränkung auf irgend eine einzelne Rechtsordnung oder einen einzelnen Rechtskreis, soweit sie nicht schon Gegenstände der Wissenschaften von den verschiedenen Rechtsordnungen und Rechtskreisen sind. Hierdurch unterscheidet sich die allgemeine Rechtswissenschaft von den Wissenschaften auch der weitesten Rechtskreise; sie beschränkt sich nicht auf die Normen bestimmter Rechtsordnungen, weist vielmehr keinerlei Rechtsnormen zurück; und wenn sie nicht die Normen sämtlicher Rechtsordnungen in Betracht zieht, so beruht dies nicht auf einer vorsätzlichen Begrenzung des Stoffes, sondern auf der notwendigen Begrenztheit aller Forschung. — Nicht zu verwechseln mit der allgemeinen Rechtswissenschaft ist das, was man als *„allgemeine Rechtslehre"* bezeichnet hat, nämlich der allgemeine Teil, den ebensogut jede Wissenschaft von einer Rechtsordnung oder einem Rechtskreise wie die allgemeine Rechtswissenschaft hat und der die höchsten Begriffe dieser Wissenschaft enthält[1]).

---

[1]) Siehe *Merkel:* Zeitschrift 1 S. 1—10, 402—421, Juristische Enzyklopädie S. 1—2, Holtzendorffs Enzyklopädie S. 91.

Die Wissenschaften von einer Rechtsordnung und die Wissenschaften von einem Rechtskreise lassen sich im Gegensatz zur allgemeinen Rechtswissenschaft als *besondere Rechtswissenschaften* zusammenfassen; doch darf hieraus nicht entnommen werden, dass sie auch dem Verfahren nach von ihr verschieden seien. Das Verfahren der allgemeinen Rechtswissenschaft und das der besonderen Rechtswissenschaften ist genau das gleiche. Ob die Rechtswissenschaft sich nur mit den Normen irgend einer Rechtsordnung oder eines Rechtskreises oder ob sie sich mit den Rechtsnormen überhaupt beschäftigt, immer hat sie einen durch Erfahrung gegebenen Stoff zu bearbeiten. Die besonderen Rechtswissenschaften bearbeiten diesen Stoff im einzelnen, die allgemeine Rechtswissenschaft bearbeitet ihn im ganzen, aber gleich jenen geht auch sie von ihm aus und bleibt von ihm abhängig. — Wohl unter dem Einfluss der Meinung, dass eine allgemeine Rechtswissenschaft notwendig über alle Erfahrung hinausgehen müsse, haben sich die Pfleger der Rechtswissenschaft fast ausschliesslich den besonderen Rechtswissenschaften zugewandt. Auf die Bedeutung der allgemeinen Rechtswissenschaft hat man seit Anfang dieses Jahrhunderts wiederholt mit Nachdruck hingewiesen [1]), aber ihre Pflege ist dennoch sehr vernachlässigt worden.

II. Entsprechend diesen drei Teilen der Rechtswissenschaft giebt es *drei Arten von Rechtsbegriffen.*

1. Den Wissenschaften von einer Rechtsordnung gehören die Begriffe von den Normen der einzelnen Rechtsordnungen an; man kann sie *Begriffe der Wissenschaften von einer Rechtsordnung* nennen.

Den Wissenschaften von einem Rechtskreise gehören diejenigen Begriffe von den Normen der einzelnen Rechtskreise an, welche nicht schon den Wissenschaften der diese Rechtskreise bildenden Rechtsordnungen zu eigen sind; sie lassen sich als *Begriffe der Wissenschaften von einem Rechtskreise* bezeichnen.

---

[1]) Zum Beispiel: *Feuerbach,* Teutsche Rechtswissenschaft S. 163—164, 169—170; *Puchta,* Institutionen 1 § 32 (S. 55—56); *v. Liszt:* Strafgesetzgebung der Gegenwart 1 S. XXV; *Pollock,* Methods of jurisprudence S. 11.

Der allgemeinen Rechtswissenschaft gehören diejenigen Begriffe von Rechtsnormen an, welche nicht schon Eigentum der besonderen Rechtswissenschaften sind; sie können *Begriffe der allgemeinen Rechtswissenschaft* heissen.

2. Diese drei Arten von Rechtsbegriffen werden sämtlich unausgesetzt gebildet und verwandt, ohne dass man sie freilich streng von einander schiede.

Und zwar spricht man, wenn man Begriffe irgend einer *besonderen* Rechtswissenschaft vor Augen hat, meist nicht von Begriffen dieser Rechtswissenschaft, sondern von Begriffen dieser Rechtsordnung oder dieses Rechtskreises; man spricht von dem Betrugsbegriff des heutigen deutschen Reichsrechts, dem Neutralitätsbegriff des europäischen Völkerrechts, dem Körperschaftsbegriff des deutschen Rechts; eine Ausdrucksweise, deren Ungenauigkeit durch ihre Kürze aufgewogen wird.

Hat man dagegen Begriffe der *allgemeinen* Rechtswissenschaft vor Augen, so pflegt man sich jedes auf eine einzelne Rechtsordnung oder einen einzelnen Rechtskreis hindeutenden Zusatzes zu enthalten; man redet schlechtweg vom Begriff des Eigentums, des Diebstahls, der Staatsgewalt; gegen diese Ausdrucksweise ist nichts einzuwenden.

2. Die drei Arten der Rechtsbegriffe in ihrer Besonderheit.

Um sich die Eigenart der hier unterschiedenen drei Arten von Rechtsbegriffen deutlich zu machen, thut man gut, zunächst einmal eine jede von ihnen besonders zu betrachten.

I. *Die Begriffe der Wissenschaften von einer Rechtsordnung* sind Begriffe von solchen Normen, die sämtlich einer und derselben einzelnen Rechtsordnung angehören. Es giebt soviel Arten solcher Begriffe, wie es Rechtsordnungen giebt, die Gegenstand wissenschaftlicher Bearbeitung sind. Man spricht von Begriffen des heutigen deutschen Reichsrechts, des heutigen russischen Rechts, des römischen Rechts beim Tode Justinians.

Die Begriffe der Wissenschaften von einer Rechtsordnung sind zum *einen* Teil Begriffe von einzelnen Normen dieser Rechtsordnung und hier wieder teils Begriffe von einer einzelnen Norm dieser Rechtsordnung, teils von einer einzelnen Gesamtheit mehrerer Normen dieser Rechtsordnung, teils von einem einzelnen Element einer Norm dieser Rechtsordnung, teils von einer einzelnen Gesamtheit von Elementen mehrerer Normen dieser Rechtsordnung[1]. Begriffe dieser Art, die der Wissenschaft des gegenwärtigen deutschen Reichsrechts angehören, sind zum Beispiel der Begriff der in dem deutschen Bundesgesetz vom 1. Juni 1870 enthaltenen Norm, nach welcher die Staatsangehörigkeit in einem deutschen Bundesstaat durch gewisse Thatsachen erworben und durch gewisse andere verloren wird, der Begriff des im Deutschen Reich geltenden Urheberrechtes, der Begriff des Zahlungsbefehles im Sinne der Reichszivilprozessordnung, der Begriff der Rechtsstellung des deutschen Kaisers nach der Reichsverfassung.

Zum *andern,* weitaus wichtigeren Teil sind die Begriffe der Wissenschaften von einer Rechtsordnung Begriffe von Gattungen der Normen dieser Rechtsordnung, und hier unterscheiden sich wiederum die Begriffe einer Gattung von Normen dieser Rechtsordnung, einer Gattung von Gesamtheiten mehrerer Normen dieser Rechtsordnung, einer Gattung von Elementen einer Norm dieser Rechtsordnung und einer Gattung von Gesamtheiten der Elemente mehrerer Normen dieser Rechtsordnung[2]. Beispiele von Begriffen dieser Art, die der Wissenschaft des gegenwärtigen deutschen Reichsrechts angehören, sind der Begriff der strafrechtlichen Norm des gegenwärtigen deutschen Reichsrechts, der Begriff der in einem Abschnitt des Reichsstrafgesetzbuchs zusammengefassten Normen, der Begriff des Erwerbsgrundes der Staatsangehörigkeit nach dem Bundesgesetz vom 1. Juni 1870, der Begriff der Rechte des Urhebers nach dem geltenden deutschen Reichsrecht.

II. *Die Begriffe der Wissenschaften von einem Rechtskreis* sind Begriffe von solchen Normen, die sämtlich einem und demselben einzelnen Rechtskreis, nicht aber sämtlich einer und derselben Rechtsordnung dieses Rechtskreises angehören. Es giebt ebensoviel Arten solcher Begriffe, wie es wissen-

---

[1]) Siehe S. 34—35.

[2]) Siehe S. 34, 35—36.

schaftlich bearbeitete Rechtskreise giebt. Man redet von Begriffen des römischen, des deutschen, des heutigen europäischen Rechts.

Die Begriffe der Wissenschaften von einem Rechtskreis sind *einenteils* Begriffe von einzelnen Normen dieses Rechtskreises. Diese Begriffe können nicht Begriffe von einer einzelnen Rechtsnorm oder einem einzelnen Element einer Rechtsnorm sein; denn die einzelne Rechtsnorm und das einzelne Element einer Rechtsnorm gehören notwendig immer nur einer einzigen Rechtsordnung an, und die Begriffe von ihnen hat also die Wissenschaft dieser Rechtsordnung zu bilden. Wohl aber können sie Begriffe von einer einzelnen Gesamtheit mehrerer Rechtsnormen und von einer einzelnen Gesamtheit von Elementen mehrerer Rechtsnormen sein [1]), falls nämlich die mehreren Rechtsnormen zwar alle diesem Rechtskreis, aber den verschiedenen ihn bildenden Rechtsordnungen ohne Unterschied angehören, sodass also die Wissenschaft keiner dieser Rechtsordnungen und auch keines engeren Rechtskreises den Begriff jener Gesamtheit bilden kann. Derartige Begriffe der Wissenschaft des deutschen Rechts sind zum Beispiel der Begriff des deutschen Lehenrechts, der Begriff der Rechtsstellung des Fürsten nach den verschiedenen Rechtsordnungen des deutschen Rechts.

Andernteils, und dieser Teil ist viel wichtiger, sind die Begriffe der Wissenschaften von einem Rechtskreis Begriffe von Gattungen der Normen dieses Rechtskreises. Diese Begriffe können gleicherweise Begriffe einer Gattung von Rechtsnormen, einer Gattung von Gesamtheiten mehrerer Rechtsnormen, einer Gattung von Elementen einer Rechtsnorm und einer Gattung von Gesamtheiten der Elemente mehrerer Rechtsnormen sein [2]); es kommt nur darauf an, dass die Gattung zwar lediglich Normen dieses Rechtskreises, aber Normen der verschiedenen ihn bildenden Rechtsordnungen ohne Unterschied umfasst; anderenfalls würde die Bildung des Gattungsbegriffes der Wissenschaft eines engeren Rechts-

---

[1]) Siehe S. 34—35.
[2]) Siehe S. 34, 35—36.

kreises oder gar der Wissenschaft einer einzelnen Rechtsordnung dieses Rechtskreises obliegen. Begriffe der Wissenschaft des deutschen Rechts von dieser Art sind zum Beispiel der Begriff der deutschrechtlichen Norm, der Begriff der lex barbarorum, der Begriff der beweglichen Sache nach deutschem Recht, der deutschrechtliche Begriff des Lehens.

III. *Die Begriffe der allgemeinen Rechtswissenschaft* sind Begriffe von solchen Rechtsnormen, die weder sämtlich irgend einer einzelnen Rechtsordnung noch auch nur sämtlich irgend einem einzelnen Rechtskreis angehören.

Der *eine* Teil von ihnen besteht aus Begriffen von einzelnen Rechtsnormen. Diese können nicht Begriffe von einer einzelnen Rechtsnorm oder einem einzelnen Element einer Rechtsnorm sein, weil die einzelne Rechtsnorm und das einzelne Element einer Rechtsnorm notwendig immer nur einer einzigen Rechtsordnung angehören und die Begriffe von ihnen also durch die Wissenschaft dieser Rechtsordnung zu bilden sind. Dagegen können sie wohl Begriffe von einer einzelnen Gesamtheit mehrerer Rechtsnormen und von einer einzelnen Gesamtheit von Elementen mehrerer Rechtsnormen sein [1], falls nämlich die mehreren Rechtsnormen den verschiedensten Rechtsordnungen und Rechtskreisen ohne Unterschied angehören, sodass also die Wissenschaft keiner einzelnen Rechtsordnung und auch keines einzelnen Rechtskreises den Begriff jener Gesamtheit bilden kann. Zu dieser Art von Begriffen der allgemeinen Rechtswissenschaft zählen zum Beispiel der Begriff des Verfassungsrechtes aller Völker und Zeiten, der Begriff der Rechtsstellung des Fürsten nach sämtlichen Rechtsordnungen der Vergangenheit und Gegenwart.

Den *anderen,* bei weitem wichtigeren Teil der Begriffe der allgemeinen Rechtswissenschaft bilden Begriffe von Gattungen der Rechtsnormen. Diese können gleichermassen Begriffe einer Gattung von Rechtsnormen, einer Gattung von Gesamtheiten mehrerer Rechtsnormen, einer Gattung von Elementen einer Rechtsnorm und einer Gattung von Gesamtheiten der

[1]) Siehe S. 34—35.

Elemente mehrerer Rechtsnormen sein [1]); nur muss die Gattung in jedem Falle Normen der verschiedensten Rechtsordnungen und Rechtskreise ohne Unterschied umfassen; anderenfalls würde der Gattungsbegriff durch die Wissenschaft irgend eines einzelnen Rechtskreises oder gar irgend einer einzelnen Rechtsordnung zu bilden sein. Derartige Begriffe der allgemeinen Rechtswissenschaft sind zum Beispiel der Begriff der gewohnheitsrechtlichen Norm, der Begriff der rechtlichen Regelung des Verfahrens in Strafsachen, der Begriff der Urkunde, der Begriff des Eigentums.

3. Die drei Arten der Rechtsbegriffe in ihren Beziehungen.

Die Eigenart der hier unterschiedenen drei Arten von Rechtsbegriffen wird noch deutlicher, wenn man sie nunmehr auch in ihren Beziehungen betrachtet.

I. Die Begriffe einer jeden Rechtswissenschaft, mag dieses nun irgend eine besondere oder mag es die allgemeine Rechtswissenschaft sein, stehen *in Beziehungen untereinander.*

1. Sehe ich nach und nach von immer mehr Merkmalen eines Begriffes ab, welcher *der Wissenschaft von irgend einer Rechtsordnung* angehört, und halte ich nur das eine Merkmal fest, dass sein Gegenstand Normen dieser Rechtsordnung sind, so erhalte ich eine Reihe von Begriffen, die alle zu einander im Verhältnis von Art und Gattung stehen und alle der Wissenschaft von dieser Rechtsordnung angehören. So gelange ich vom Hochverrats- zum Verbrechens- und von diesem zum Unrechtsbegriff des heutigen deutschen Reichsrechts.

Ebenso ist es, wenn ich hintereinander von immer mehr Merkmalen eines Begriffes absehe, welcher *der Wissenschaft von irgend einem Rechtkreis* angehört, und nur das eine Merkmal beibehalte, dass sein Gegenstand Normen dieses Rechtskreises sind; auch hier erhalte ich eine Reihe von Begriffen, die alle zu einander im Verhältnis von Art und Gattung stehen und alle der Wissenschaft von diesem Rechtskreis

---

[1]) Siehe S. 34, 35—36.

angehören. Ich komme vom Hochverrats- zum Verbrechens- und von diesem zum Unrechtsbegriff des heutigen europäischen Rechts.

Das Gleiche gilt endlich auch, wenn ich allmählich von immer mehr Merkmalen eines Begriffes *der allgemeinen Rechtswissenschaft* absehe und nur das eine Merkmal beibehalte, dass sein Gegenstand Rechtsnormen sind; hier erhalte ich wiederum eine Reihe von Begriffen, die alle im Verhältnis von Art und Gattung zu einander stehen und alle der allgemeinen Rechtswissenschaft angehören. Vom Begriff des Hochverrats komme ich zu dem des Verbrechens und von diesem zu dem des Unrechts.

2. So stehen *die sämtlichen Begriffe einer jeden Rechtswissenschaft untereinander im Verhältnis von Art und Gattung.* Die niedrigsten Begriffe einer jeden Rechtswissenschaft stehen im Verhältnis von Art und Gattung zu höheren, diese zu noch höheren, diese schliesslich zu dem höchsten Begriff dieser Rechtswissenschaft.

Dergestalt ergeben sich unzählige Reihen, die alle von einem niedrigsten Begriff dieser Rechtswissenschaft zu ihrem höchsten Begriff hinführen und zusammen das *System dieser Rechtswissenschaft* ausmachen. Es giebt soviel verschiedene Systeme dieser Art, wie es neben der allgemeinen Rechtswissenschaft besondere Rechtswissenschaften giebt; und die Gesamtheit dieser Systeme lässt sich dann wieder zu einem System der einen und einzigen Rechtswissenschaft zusammenfassen.

II. Ausser den Beziehungen, in denen die Begriffe einer jeden Rechtswissenschaft untereinander stehen, giebt es aber auch noch *Beziehungen zwischen Begriffen verschiedener Rechtswissenschaften.*

1. Wenn man bei einem Begriff, welcher der Wissenschaft von irgend einer Rechtsordnung angehört, von dem Merkmal absieht, dass sein Gegenstand *Normen dieser Rechtsordnung* sind, dagegen alle seine anderen, hiervon unabhängigen Merkmale beibehält, so gehört der Begriff, den man erhält, der Wissenschaft von irgend einem Rechtskreise an; der alte Begriff steht zu dem neuen im Verhältnis der Art

zur Gattung. So gelangt man von dem Hochverratsbegriff des heutigen deutschen Reichsrechts zu dem des deutschen Rechts.

Sieht man nun ferner von dem Merkmal des Begriffes ab, *Normen dieses Rechtskreises* zum Gegenstande zu haben, hält aber an seinen sämtlichen anderen, hiervon unabhängigen Merkmalen fest, so bekommt man einen Begriff, der der Wissenschaft irgend eines weiteren Rechtskreises angehört; wiederum steht der alte Begriff zu dem neuen im Verhältnis der Art zur Gattung. Von dem Hochverratsbegriff des deutschen gelangt man zu dem des indogermanischen Rechts.

Schreitet man in dieser Weise weiter fort und sieht schliesslich auch noch von dem Merkmal des Begriffes, *Normen irgend eines einzelnen Rechtskreises* zum Gegenstand zu haben, dagegen von keinem seiner sonstigen, hiervon unabhängigen Merkmale ab, so hat man einen Begriff der allgemeinen Rechtswissenschaft; und auch hier besteht zwischen dem alten und neuen Begriff das Verhältnis der Art zur Gattung. Von dem Hochverratsbegriff des indogermanischen Rechts gelangt man am Ende zum Begriff des Hochverrates.

2. Solche Begriffe verschiedener Rechtswissenschaften, die sich nur durch das Merkmal, dass sie Normen dieser oder jener Rechtsordnung oder dieses oder jenes Rechtskreises oder Rechtsnormen überhaupt zu Gegenständen haben, und die hiervon ableitbaren Merkmale unterscheiden, kann man *einander entsprechende Rechtsbegriffe* nennen. Allen Begriffen der Wissenschaften von einer Rechtsordnung entsprechen Begriffe der Wissenschaften von einem Rechtskreise, und allen Begriffen der Wissenschaften von einem Rechtskreise entsprechen Begriffe der allgemeinen Rechtswissenschaft; dagegen entsprechen nur den Gattungsbegriffen der Wissenschaften von einem Rechtskreise Begriffe der Wissenschaften von einer Rechtsordnung und nur den Gattungsbegriffen der allgemeinen Rechtswissenschaft Begriffe der besonderen Rechtswissenschaften. So entspricht dem Betrugsbegriff des heutigen deutschen Reichsrechts der Betrugsbegriff des heutigen europäischen Rechts und diesem der Begriff des Betruges; dagegen entspricht dem Begriff der sämtlichen Betrugsthatbestände

des in Europa geltenden Rechts kein Begriff irgend einer Wissenschaft von einer Rechtsordnung, und dem Begriff der sämtlichen Betrugsthatbestände sämtlicher Rechtsordnungen entspricht kein Begriff irgend einer besonderen Rechtswissenschaft.

Die einander entsprechenden Begriffe verschiedener Rechtswissenschaften stehen, wie sich gezeigt hat, sämtlich untereinander im Verhältnis von Art und Gattung. Die Begriffe der Wissenschaften von einer Rechtsordnung stehen im Verhältnis von Art und Gattung zu den ihnen entsprechenden Begriffen der Wissenschaften von den diese Rechtsordnung umschliessenden Rechtskreisen; diese wieder zu den ihnen entsprechenden Begriffen der Wissenschaften von den weiteren, diesen Rechtskreis umschliessenden Rechtskreisen; diese schliesslich zu dem ihnen entsprechenden Begriff der allgemeinen Rechtswissenschaft.

So ergeben sich unzählige Reihen, die alle von einem Begriff der Wissenschaft einer Rechtsordnung zu dem ihm entsprechenden Begriff der allgemeinen Rechtswissenschaft emporführen und zusammen ein *System einander entsprechender Begriffe* ausmachen. Es giebt soviel verschiedene Systeme dieser Art, wie es Gattungsbegriffe der allgemeinen Rechtswissenschaft giebt; die Gesamtheit dieser Systeme aber lässt sich dann wieder zu einem System der einen und einzigen Rechtswissenschaft zusammenfassen.

III. Die Begriffe einer jeden Rechtswissenschaft stehen also in *zweierlei Beziehungen*.

Erstens steht ein jeder Rechtsbegriff im Verhältnis von Art und Gattung zu denjenigen Begriffen, die mit ihm ein und derselben Rechtswissenschaft angehören; er ist ein Glied solcher Reihen, die von einem niedrigsten Begriff irgend einer Rechtswissenschaft zu ihrem höchsten Begriff emporführen; er ist Bestandteil des Systems der Begriffe dieser Rechtswissenschaft.

Ein jeder Rechtsbegriff steht *zweitens* im Verhältnis von Art und Gattung zu den ihm entsprechenden Begriffen anderer Rechtswissenschaften; er ist ein Glied solcher Reihen, die von einem Begriff der Wissenschaft einer Rechtsordnung zu dem ihm entsprechenden Begriff der allgemeinen Rechtswissenschaft emporführen; er ist Bestandteil eines Systems einander entsprechender Rechtsbegriffe.

Beide Beziehungen zusammen lassen sich folgendermassen zur Anschauung bringen.

Verhältnis von Art und Gattung unter verschiedenen Begriffen derselben Rechtswissenschaft.

Verhältnis von Art und Gattung unter den einander entsprechenden Begriffen verschiedener Rechtswissenschaften.

Hochverratsbegriff des heutigen deutschen Reichsrechts	Verbrechensbegriff des heutigen deutschen Reichsrechts	Unrechtsbegriff des heutigen deutschen Reichsrechts
Hochverratsbegriff des heutigen europäischen Rechts	Verbrechensbegriff des heutigen europäischen Rechts	Unrechtsbegriff des heutigen europäischen Rechts
Begriff des Hochverrats	Begriff des Verbrechens	Begriff des Unrechts

III. Die Notwendigkeit der Dreiteilung.

1. Die Verschiedenheit der drei Arten von Rechtsbegriffen.

Die Verschiedenheit einander entsprechender Begriffe der Wissenschaften von einer Rechtsordnung, der Wissenschaften von einem Rechtskreise und der allgemeinen Rechtswissenschaft ist eine mehr oder minder erhebliche.

I. *Die Begriffe der Wissenschaften von einer Rechtsordnung* enthalten alle diejenigen Merkmale, welche durch den Inhalt von Normen dieser Rechtsordnung gegeben sind. Sie legen in ihrer Gesamtheit den ganzen Inhalt dieser Rechtsordnung klar. So enthält zum Beispiel der Begriff der

Übertragung von Grundeigentum nach geltendem deutschem Reichsrecht die sämtlichen Merkmale, die durch die Normen des geltenden deutschen Reichsrechts gegeben sind.

Die Gattungsbegriffe der Wissenschaften von einem Rechtskreis — die Einzelbegriffe kommen hier nicht in Betracht, da ihnen in den Wissenschaften der einzelnen Rechtsordnungen des Rechtskreises keine Begriffe entsprechen[1]) — enthalten alle die Merkmale, die durch den gemeinsamen Inhalt von Normen der verschiedenen Rechtsordnungen dieses Rechtskreises gegeben sind. Sie legen in ihrer Gesamtheit den gemeinsamen Inhalt der verschiedenen Rechtsordnungen dieses Rechtskreises klar. Der Begriff der Übertragung von Grundeigentum nach deutschem Recht enthält also zum Beispiel die Merkmale, die den entsprechenden Begriffen sämtlicher den Rechtskreis des deutschen Rechts bildenden Rechtsordnungen gemeinsam sind.

Die Gattungsbegriffe der allgemeinen Rechtswissenschaft — die Einzelbegriffe kommen hier nicht in Betracht, weil ihnen in den besonderen Rechtswissenschaften keine Begriffe entsprechen[2]) — enthalten alle die Merkmale, die durch den gemeinsamen Inhalt von Normen der verschiedensten Rechtsordnungen und Rechtskreise gegeben sind. Sie legen in ihrer Gesamtheit den gemeinsamen Inhalt sämtlicher Rechtsordnungen und Rechtskreise klar. Der Begriff der Übertragung von Grundeigentum zum Beispiel enthält diejenigen Merkmale, welche die entsprechenden Begriffe aller Rechtsordnungen und Rechtskreise der Vergangenheit und Gegenwart mit einander gemein haben.

II. Indem man also davon absieht, dass ein Rechtsbegriff *Normen irgend einer einzelnen Rechtsordnung* zum Gegenstande hat, sieht man zugleich von allen den Merkmalen ab, die sich aus dem besonderen Inhalt dieser Rechtsordnung gegenüber den anderen mit ihr einen Rechtskreis bildenden Rechtsordnungen ergeben, und behält nur die Merkmale übrig, die aus dem gemeinsamen Inhalt aller Rechtsordnungen dieses

---

[1]) Siehe S. 48—49.

[2]) Siehe S. 48—49.

Rechtskreises hergeleitet sind. Sieht man etwa davon ab, dass der Begriff der Übertragung von Grundeigentum nach geltendem deutschem 'Reichsrecht Normen des geltenden deutschen Reichsrechts zum Gegenstande hat, so fallen damit die ganzen Merkmale weg, in denen der besondere Inhalt des geltenden deutschen Reichsrechts gegenüber den anderen dem Rechtskreis des deutschen Rechts angehörigen Rechtsordnungen zum Ausdrucke kommt, und es bleiben nur die Merkmale, die den gemeinsamen Inhalt aller Rechtsordnungen des deutschen Rechts wiedergeben.

Und indem man ferner davon absieht, dass ein Rechtsbegriff *Normen irgend eines einzelnen Rechtskreises* zum Gegenstande hat, sieht man zugleich von allen den Merkmalen ab, die aus der Besonderheit des diesem oder irgend einem weiteren Rechtskreis gemeinsamen Inhalts gegenüber anderen Rechtskreisen hervorgehen, und behält nur noch die Merkmale, die aus dem gemeinsamen Inhalt sämtlicher Rechtsordnungen und Rechtskreise fliessen. Sieht man also fernerhin davon ab, dass der Begriff der Übertragung von Grundeigentum nach deutschem Recht Normen des deutschen Rechts oder irgend eines weiteren Rechtskreises zum Gegenstande hat, so kommen damit auch noch alle die Merkmale in Wegfall, die darauf beruhen, dass der gemeinsame Inhalt des deutschen Rechts oder irgend eines weiteren Rechtskreises sich von dem der anderen Rechtskreise unterscheidet, und es bleiben nur noch die Merkmale übrig, denen der gemeinsame Inhalt aller Rechtsordnungen und Rechtskreise zu Grunde liegt.

III. Man darf somit keineswegs glauben, es komme wenig darauf an, ob ein Begriff lediglich Normen einer einzelnen Rechtsordnung zum Gegenstande hat oder Normen, die zwar alle einem einzelnen Rechtskreis, aber den verschiedenen ihn bildenden Rechtsordnungen ohne Unterschied angehören, oder endlich Rechtsnormen, die nicht einmal durch die Zugehörigkeit zu irgend einem einzelnen Rechtskreis begrenzt sind. Aus dem unterscheidenden Merkmal der drei Arten von Rechtsbegriffen lässt sich vielmehr *eine mehr oder minder bedeutende Anzahl von Merkmalen ableiten.*

Die *Menge* der Merkmale aber, die sich aus dem unterscheidenden Merkmal ableiten lassen, ist um so grösser, eine je niedrigere Stelle die einander entsprechenden Begriffe verschiedener Rechtswissenschaften innerhalb dieser Rechtswissenschaften einnehmen. Denn eine je niedrigere Stelle ein Begriff innerhalb seiner Rechtswissenschaft einnimmt, desto mehr Merkmale hat er, und desto mehr Spielraum ist daher für Verschiedenheiten von den ihm entsprechenden Begriffen anderer Rechtswissenschaften gegeben. Daher entfernt sich zum Beispiel der Hochverratsbegriff des heutigen deutschen Reichsrechts von dem des heutigen europäischen Rechts und dieser von dem Begriff des Hochverrats erheblich weiter, als sich etwa der Unrechtsbegriff des heutigen deutschen Reichsrechts von dem des heutigen europäischen Rechts und dieser von dem Begriff des Unrechts entfernt.

2. Die selbständige Bedeutung der drei Arten von Rechtsbegriffen.

Sowohl die Begriffe der Wissenschaften von einer Rechtsordnung wie die Begriffe der Wissenschaften von einem Rechtskreise wie endlich die Begriffe der allgemeinen Rechtswissenschaft haben ihre selbständige rechtswissenschaftliche Bedeutung.

I. *Worin kann die Bedeutung eines Begriffes für die Rechtswissenschaft bestehen?*

1. Eine jede Wissenschaft bemüht sich, von ihren Gegenständen Begriffe zu bilden und diese Begriffe zu ordnen[1]).

Hiernach kann die wissenschaftliche Bedeutung eines Begriffes eine doppelte sein. Erstens hat er, und zwar sowohl als Begriff vom einzelnem[2]) wie als Gattungsbegriff[3]), die *unmittelbare* Bedeutung, dass er selbst als Begriff von Gegenständen irgend einer Wissenschaft da ist. Dass diese

---

[1]) Siehe S. 15.
[2]) Siehe S. 34.
[3]) Siehe S. 34, 35.

Bedeutung für eine Wissenschaft nur die Begriffe dieser Wissenschaft selbst haben können, bedarf keiner Begründung.

Zweitens kann ein Begriff, sofern er ein Gattungsbegriff[1]) ist, auch noch eine *mittelbare* wissenschaftliche Bedeutung haben. Er kann es *einmal* möglich machen, Begriffe von Gegenständen einer Wissenschaft unter Bezugnahme auf ihn zu bilden, indem man nämlich den in ihm zusammengefassten Merkmalen die weiteren Merkmale seiner Artbegriffe hinzufügt. Dieser Bedeutung für eine Wissenschaft sind nicht nur ihre eigenen Begriffe, sondern auch die anderer Wissenschaften fähig, da die Begriffe einer Wissenschaft vielfach unter Bezugnahme auf die einer anderen gebildet werden. Er kann es *ferner* ermöglichen, Begriffe von Gegenständen einer Wissenschaft durch Unterordnung unter ihn zu ordnen, indem man nämlich seine Artbegriffe als solche vereinigt. Dieser Bedeutung für eine Wissenschaft sind nur ihre eigenen Begriffe fähig, denn eine Wissenschaft ist immer eine selbständige Ordnung von Begriffen.

So hat zum Beispiel für die Kunstwissenschaft der Begriff des Gemäldes zunächst die Bedeutung, dass er selbst als Begriff von Kunstwerken da ist; sodann aber die weitere Bedeutung, dass er es möglich macht, andere Begriffe von Kunstwerken, etwa den Begriff des Ölbildes, des Temperabildes, des Aquarells, unter Bezugnahme auf ihn zu bilden und durch Unterordnung unter ihn zu ordnen.

2. Wenn man einerseits die Gegenstände der Rechtswissenschaft[2]), anderseits die besonderen Gegenstände der Wissenschaften von einer Rechtsordnung[3]), der Wissenschaften von einem Rechtskreise[4]) und der allgemeinen Rechtswissenschaft[5]) in Betracht zieht, so ergiebt sich hieraus folgendes.

Die Bedeutung eines Begriffes für *die Rechtswissenschaft* kann einmal unmittelbar darin bestehen, dass er selbst als

[1]) Siehe S. 34, 35.
[2]) Siehe S. 26—32.
[3]) Siehe S. 39.
[4]) Siehe S. 39—40.
[5]) Siehe S. 40.

Rechtsbegriff da ist; dieser Bedeutung ist nur ein Rechtsbegriff fähig. Sodann weiter mittelbar darin, dass er die Möglichkeit gewährt, Rechtsbegriffe durch Unterordnung unter ihn zu ordnen und unter Bezugnahme auf ihn zu bilden; ersterer Bedeutung ist gleichfalls nur ein Rechtsbegriff, letzterer auch ein nichtrechtlicher Begriff fähig.

Insonderheit für irgend eine *besondere Rechtswissenschaft* kann ein Begriff zunächst die unmittelbare Bedeutung haben, dass er als Begriff dieser besonderen Rechtswissenschaft da ist; diese Bedeutung kann nur einem Begriff dieser besonderen Rechtswissenschaft beiwohnen. Sodann weiter die mittelbare Bedeutung, dass man die durch diese besondere Rechtswissenschaft zu ordnenden Begriffe durch Unterordnung unter ihn ordnen und Begriffe dieser besonderen Rechtswissenschaft unter Bezugnahme auf ihn bilden kann; erstere Bedeutung kann ebenfalls nur einem Begriff dieser besonderen Rechtswissenschaft, letztere auch einem Begriff der Wissenschaft eines umschliessenden Rechtskreises oder der allgemeinen Rechtswissenschaft, ja sogar einem nichtrechtlichen Begriffe eigen sein. Und ebenso ist es bei der *allgemeinen Rechtswissenschaft*. Die unmittelbare Bedeutung, die ein Begriff für sie haben kann, nämlich als Begriff der allgemeinen Rechtswissenschaft da zu sein; kann nur einem Begriff der allgemeinen Rechtswissenschaft beiwohnen. Die mittelbare Bedeutung, die der allgemeinen Rechtswissenschaft obliegende Ordnung von Begriffen durch Unterordnung unter ihn zu ermöglichen, kann gleichfalls nur einem Begriffe der allgemeinen Rechtswissenschaft eigen sein, und nur der weiteren mittelbaren Bedeutung, die Bildung von Begriffen der allgemeinen Rechtswissenschaft unter Bezugnahme auf ihn möglich zu machen, ist auch ein nichtrechtlicher Begriff fähig.

II. *Welche Bedeutung für die Rechtswissenschaft haben die Begriffe der Wissenschaften von einer Rechtsordnung?*

1. Alle Begriffe der Wissenschaften von einer Rechtsordnung, mögen sie nun Begriffe von einzelnen Normen dieser Rechtsordnung[1]) oder Begriffe von Gattungen der

---

[1]) Siehe S. 42—43.

Normen dieser Rechtsordnung[1]) sein, haben für die Rechtswissenschaft *unmittelbare* Bedeutung.

Soweit sie Begriffe von Gattungen der Normen dieser Rechtsordnung sind, haben sie dann weiter für die Rechtswissenschaft auch noch die *mittelbare* Bedeutung, deren die Begriffe von einzelnen Rechtsnormen ihrem Wesen nach nicht fähig sind. So ermöglicht es zum Beispiel der Begriff des Urheberrechts nach den im Deutschen Reich geltenden Gesetzen, dass man die Begriffe des Urheberrechts an einem Schriftwerk, des Gebrauchsmusterrechts, des Patentrechts nach diesen Gesetzen unter Bezugnahme auf ihn bilden und durch Unterordnung unter ihn ordnen kann.

2. Eine unmittelbare Bedeutung haben die Begriffe der Wissenschaften von einer Rechtsordnung *nur für die Wissenschaft irgend einer einzelnen Rechtsordnung*.

Aber auch ihre mittelbare Bedeutung bezieht sich *nur auf die Wissenschaft dieser Rechtsordnung*. Denn alle die Begriffe, die unter Bezugnahme auf sie gebildet und durch Unterordnung unter sie geordnet werden können, gehören gleich ihnen ihr an, also zum Beispiel der Wissenschaft des heutigen deutschen Reichsrechts nicht nur der Begriff des Urheberrechts nach den im Deutschen Reich geltenden Gesetzen, sondern auch die ihm untergeordneten Begriffe des Urheberrechts an einem Schriftwerk, des Gebrauchsmusterrechts, des Patentrechts nach diesen Gesetzen.

III. *Welche Bedeutung für die Rechtswissenschaft haben die Begriffe der Wissenschaften von einem Rechtskreise?*

1. Alle Begriffe der Wissenschaften von einem Rechtskreis, und zwar sowohl die Begriffe von einzelnen Normen dieses Rechtskreises[2]) wie die Begriffe von Gattungen der Normen dieses Rechtskreises[3]), haben für die Rechtswissenschaft *unmittelbare* Bedeutung.

Unter ihnen haben sodann die Begriffe von Gattungen der Normen dieses Rechtskreises für die Rechtswissenschaft

[1]) Siehe S. 43.
[2]) Siehe S. 44.
[3]) Siehe S. 44—45.

auch noch die *mittelbare* Bedeutung, die den Begriffen von einzelnen Rechtsnormen versagt ist. So macht es zum Beispiel der Begriff der lex barbarorum möglich, dass man nicht nur die Begriffe der auf lateinisch und der in der Volkssprache aufgezeichneten lex barbarorum, sondern auch den Begriff der lex Salica, den der lex Wisigothorum und den der lex Burgundionum unter Bezugnahme auf ihn bilden und durch Unterordnung unter ihn ordnen kann.

2. Eine unmittelbare Bedeutung haben die Begriffe der Wissenschaften von einem Rechtskreis *nur für die Wissenschaft irgend eines einzelnen Rechtskreises.*

Dagegen haben sie eine mittelbare Bedeutung nicht nur für die Wissenschaft dieses Rechtskreises selbst, sondern auch für die Wissenschaften der ihn bildenden Rechtsordnungen. Ihre mittelbare Bedeutung *für die Wissenschaft des Rechtskreises selbst* besteht *erstens* darin, dass unter Bezugnahme auf sie alle niedrigeren Begriffe der Wissenschaft dieses Rechtskreises gebildet werden können, zum Beispiel unter Bezugnahme auf den Begriff der lex barbarorum die Begriffe der auf lateinisch und der in der Volkssprache aufgezeichneten lex barbarorum. Sie besteht *zweitens* darin, dass sich durch Unterordnung unter sie sowohl die niedrigeren Begriffe der Wissenschaft dieses Rechtskreises wie die entsprechenden Begriffe der Wissenschaften von den verschiedenen Rechtsordnungen des Rechtskreises ordnen lassen[1], zum Beispiel durch Unterordnung unter den Begriff der lex barbarorum sowohl die Begriffe der auf lateinisch und der in der Volkssprache aufgezeichneten lex barbarorum wie der Begriff der lex Salica, der der lex Wisigothorum und der der lex Burgundionum.

Die mittelbare Bedeutung, welche die Begriffe der Wissenschaften von einem Rechtskreis *für die Wissenschaften der ihn bildenden Rechtsordnungen* haben, liegt darin, dass die ihnen entsprechenden Begriffe dieser Wissenschaften unter Bezugnahme auf sie gebildet werden können, zum Beispiel unter Bezugnahme auf den Begriff der lex barba-

---

[1]) Siehe S. 40, 46—50.

rorum der Begriff der lex Salica, der der lex Wisigothorum und der der lex Burgundionum.

3. Vielleicht ist mancher der Ansicht, wenn den Begriffen der Wissenschaften von einem Rechtskreis eine selbständige Bedeutung für die Rechtswissenschaft zukomme, so sei doch diese Bedeutung ausserordentlich gering und es lohne nicht der Mühe, sie als eine besondere Art der Rechtsbegriffe anderen Arten gegenüberzustellen.

Es ist nun freilich wahr, der grösste Teil der unzähligen Rechtskreise, welche die Willkür durch Zusammenfassung verschiedener Rechtsordnungen bilden kann, wird nicht wissenschaftlich bearbeitet und bedarf auch keiner wissenschaftlichen Bearbeitung; und Begriffe, die den Wissenschaften dieser Rechtskreise angehören, würden deshalb in der That nur eine ganz geringe Bedeutung für die Rechtswissenschaft haben. Aber viele Rechtskreise werden allerdings wissenschaftlich bearbeitet, namentlich die Gesamtheiten solcher Rechtsordnungen, die bei einem bestimmten Volke oder auf einem bestimmten Teil der Erde gleichzeitig gelten oder nacheinander gegolten haben; und die Begriffe, die den Wissenschaften dieser Rechtskreise angehören, haben eine grosse Bedeutung für die Rechtswissenschaft. Wie gross diese Bedeutung ist, wird deutlich, sobald man sich des Gebrauchs erinnert, den man von solchen Begriffen fortwährend macht und machen muss, ohne sich freilich immer völlig darüber klar zu werden.

Wenn wir uns die Normen des neuen deutschen Reichsrechts über das gesetzliche Güterrecht der Ehegatten dadurch deutlich machen, dass wir in ihnen die Verwaltungsgemeinschaft des deutschen Rechts erkennen, so ist dies nichts anderes, als dass wir den Begriff der ehelichen Verwaltungsgemeinschaft nach dem neuen deutschen Reichsrecht unter Bezugnahme auf den Begriff der ehelichen Verwaltungsgemeinschaft nach deutschem Recht bilden. So gründet sich aber überhaupt *das Verständnis neu kennen gelernter oder neu geschaffener oder erst vorgeschlagener Rechtsnormen* in zahllosen Fällen darauf, dass ein der Wissenschaft einer Rechtsordnung angehöriger Begriff unter Bezugnahme auf den ihm entsprechenden Begriff der Wissenschaft eines diese Rechtsordnung umschliessenden Rechtskreises gebildet wird.

Oder wenn jemand das Pfändungsrecht der verschiedenen Rechtsordnungen des deutschen Rechts vergleichend darstellt oder eine Geschichte des Pfändungsrechts nach deutschem Rechte schreibt, so muss er notwendig die Begriffe des Pfändungsrechts nach den verschiedenen Rechtsordnungen des deutschen Rechts durch Unterordnung unter den Begriff des Pfändungsrechts nach deutschem Rechte ordnen. Gleicherweise aber ist *alle Rechtsvergleichung und vergleichende Rechtsgeschichte innerhalb eines Rechtskreises* Ordnung von Begriffen, die den Wissenschaften der verschiedenen Rechtsordnungen dieses Rechtskreises angehören, durch Unterordnung unter den ihnen entsprechenden Begriff der Wissenschaft dieses Rechtskreises.

Auf den Begriffen der Wissenschaften von einem Rechtskreis beruht *die Einheit und der Zusammenhang zwischen den Wissenschaften der verschiedenen einen Rechtskreis bildenden Rechtsordnungen;* durch diese Begriffe wird die Schwierigkeit, welche der Rechtswissenschaft aus der Zersplitterung der verschiedene Rechtsordnungen bearbeitenden Kräfte und aus der Veränderlichkeit des der Bearbeitung unterliegenden Stoffes erwächst[1]), mindestens für den Bereich eines Rechtskreises aufgehoben.

IV. *Welche Bedeutung für die Rechtswissenschaft haben die Begriffe der allgemeinen Rechtswissenschaft?*

1. Alle Begriffe der allgemeinen Rechtswissenschaft, also ebensowohl die Begriffe von einzelnen Rechtsnormen[2]) wie die Begriffe von Gattungen der Rechtsnormen[3]), haben für die Rechtswissenschaft *unmittelbare* Bedeutung.

Die Gattungsbegriffe unter ihnen haben für die Rechtswissenschaft dann ausserdem noch die *mittelbare* Bedeutung, deren die Begriffe von einzelnen Rechtsnormen unfähig sind. So macht es zum Beispiel der Begriff des Eigentums möglich,

[1]) Siehe *Bekker,* Ernst und Scherz S. 73—74; *Binding,* Strafrecht 1 § 3 (S. 15).

[2]) Siehe S. 45.

[3]) Siehe S. 45—46.

dass man nicht nur die Begriffe des Eigentums an Grundstücken und des Eigentums an beweglichen Sachen, sondern auch den Eigentumsbegriff des deutschen und den des römischen Rechts unter Bezugnahme auf ihn bilden und durch Unterordnung unter ihn ordnen kann.

2. Eine unmittelbare Bedeutung haben die Begriffe der allgemeinen Rechtswissenschaft *nur für die allgemeine Rechtswissenschaft* selbst.

Hingegen wohnt ihnen eine mittelbare Bedeutung nicht nur für die allgemeine Rechtswissenschaft, sondern auch für alle besonderen Rechtswissenschaften bei. Ihre mittelbare Bedeutung *für die allgemeine Rechtswissenschaft* besteht *erstens* darin, dass sich unter Bezugnahme auf sie sämtliche niedrigeren Begriffe der allgemeinen Rechtswissenschaft bilden lassen, wie etwa unter Bezugnahme auf den Begriff des Eigentums die Begriffe des Eigentums an Grundstücken und des Eigentums an beweglichen Sachen. Sie besteht *zweitens* darin, dass durch Unterordnung unter sie sowohl die niedrigeren Begriffe der allgemeinen Rechtswissenschaft wie die entsprechenden Begriffe der besonderen Rechtswissenschaften geordnet werden können[1]), wie etwa durch Unterordnung unter den Begriff des Eigentums nicht nur die Begriffe des Eigentums an Grundstücken und des Eigentums an beweglichen Sachen, sondern auch der Eigentumsbegriff des deutschen und der des römischen Rechts.

Die mittelbare Bedeutung, welche den Begriffen der allgemeinen Rechtswissenschaft *für die besonderen Rechtswissenschaften*[2]) beiwohnt, liegt darin, dass sich unter Bezugnahme auf sie die ihnen entsprechenden Begriffe aller dieser Wissenschaften bilden lassen, also etwa unter Bezugnahme auf den Begriff des Eigentums der Eigentumsbegriff des deutschen und der des römischen Rechts.

3. Vielleicht meint auch hier der eine oder andere, wenn den Begriffen der allgemeinen Rechtswissenschaft eine selbständige Bedeutung für die Rechtswissenschaft eigen sei,

---

[1]) Siehe S. 40, 46—50.

[2]) Siehe S. 39—40, 41.

so sei doch diese Bedeutung so gering, dass es sich nicht verlohne, sie als eine besondere Art der Rechtsbegriffe von anderen Arten zu unterscheiden.

In Wirklichkeit haben die Begriffe der allgemeinen Rechtswissenschaft eine sehr grosse Bedeutung für die Rechtswissenschaft; und diese Bedeutung zeigt sich, sobald man den Gebrauch ins Auge fasst, den man von ihnen, wenn auch nicht immer mit klarem Bewusstsein, unausgesetzt macht und machen muss.

Wenn wir uns gewisse Normen des assyrischen Rechts dadurch näher bringen, dass wir in ihnen das Rechtsverhältnis der Miete erkennen, so thun wir nichts anderes, als dass wir den Begriff der Miete nach assyrischem Recht unter Bezugnahme auf den Mietbegriff der allgemeinen Rechtswissenschaft bilden. So aber gründet sich überhaupt *das Verständnis neu kennen gelernter oder neu geschaffener oder erst vorgeschlagener Rechtsnormen* in einer Menge von Fällen darauf, dass ein der Wissenschaft einer Rechtsordnung oder eines Rechtskreises angehöriger Begriff unter Bezugnahme auf den ihm entsprechenden Begriff der allgemeinen Rechtswissenschaft gebildet wird.

Oder wenn jemand das Verbrechen des Hochverrats nach den verschiedensten Rechtsordnungen vergleichend darstellt oder eine allgemeine Geschichte dieses Verbrechens schreibt, so kann er nicht umhin, die Hochverratsbegriffe der verschiedensten besonderen Rechtswissenschaften durch Unterordnung unter den Hochverratsbegriff der allgemeinen Rechtswissenschaft zu ordnen. Ebenso aber ist *alle allgemeine Rechtsvergleichung und alle allgemeine vergleichende Rechtsgeschichte* Ordnung von Begriffen der verschiedensten besonderen Rechtswissenschaften durch Unterordnung unter den ihnen entsprechenden Begriff der allgemeinen Rechtswissenschaft.

Die Begriffe der allgemeinen Rechtswissenschaft sind es, auf denen *die Einheit und der Zusammenhang zwischen den Wissenschaften der verschiedensten Rechtsordnungen und Rechtskreise* beruht; nur durch sie wird die Schwierigkeit, welche der Rechtswissenschaft aus der Zersplitterung der verschiedene

Rechtsordnungen und Rechtskreise bearbeitenden Kräfte und aus der Veränderlichkeit des der Bearbeitung unterliegenden Stoffes erwächst[1]), völlig beseitigt.

3. Die Dreiteilung der Rechtsbegriffe als Notwendigkeit.

I. Es ist nunmehr unzweifelhaft, zwischen den hier unterschiedenen drei Arten von Rechtsbegriffen besteht nicht nur eine mehr oder minder erhebliche Verschiedenheit, eine jede von ihnen hat auch ihre selbständige rechtswissenschaftliche Bedeutung. Die Dreiteilung ist daher keine jener wertlosen Distinktionen, mit denen die Rechtsgelehrten nicht selten ein eitles Spiel getrieben haben, sie ist vielmehr *eine Notwendigkeit für die Rechtswissenschaft.*

Vielleicht könnte hiergegen geltend gemacht werden, dass man doch bisher ohne die Dreiteilung fertig geworden sei. In der That hat man vielfach Rechtsbegriffe gesucht und verwandt, ohne sich darüber klar zu sein, ob der gesuchte oder verwandte Begriff der Wissenschaft einer Rechtsordnung oder der Wissenschaft eines Rechtskreises oder der allgemeinen Rechtswissenschaft angehöre. Dieses Nichtunterscheiden hat aber nicht nur unrichtige Äusserungen über die Rechtsbegriffe zur Folge gehabt, sondern auch die Ergebnisse der rechtswissenschaftlichen Thätigkeit ungünstig beeinflusst.

II. *Erstens* giebt es eine Reihe von *unrichtigen Äusserungen über die Rechtsbegriffe*, denen das Nichtunterscheiden zwischen den drei Arten der Rechtsbegriffe zu Grunde liegt und die sich nur durch deren Unterscheidung richtig stellen lassen.

1. Man sagt, nicht bloss die Rechtssätze, sondern mit ihnen auch die Rechtsbegriffe änderten sich[2]), die realen Mächte, von denen der Inhalt des Rechts abhängig sei, liessen jetzt diese, jetzt jene Rechtsbegriffe Geltung erlangen[3]). Der

---

[1]) Siehe S. 59.

[2]) *v. Jhering,* Geist des römischen Rechts 2 § 39 (S. 348).

[3]) *Merkel,* Juristische Enzyklopädie § 360 (S. 172).

Widerspruch, den diese Aussprüche enthalten, ist bereits aufgewiesen worden [1]).

Er fällt weg, sobald man zwischen den drei Arten der Rechtsbegriffe unterscheidet. Man braucht nur jene ganz allgemeinen Aussprüche auf die Begriffe der Wissenschaften von einer Rechtsordnung einzuschränken, die allerdings von jeder Änderung des geltenden Rechts abhängig sind, sich aber zugleich zu erinnern, dass es ausser diesen auch noch andere, keineswegs von jeder solchen Änderung abhängige Rechtsbegriffe giebt, nämlich die Begriffe der Wissenschaften von einem Rechtskreis und der allgemeinen Rechtswissenschaft.

2. Man nennt den Begriff des subjektiven Rechts bildsam je nach den Verschiedenheiten des geltenden Rechts und der herrschenden Lehre [2]). Der Widerspruch hierin ist gleichfalls gezeigt worden [3]).

Auch er kommt bei Unterscheidung der drei Arten von Rechtsbegriffen zum Wegfall. Es ist nur erforderlich, dass man jene ganz allgemeine Behauptung auf diejenigen Begriffe des subjektiven Rechts beschränkt, die den Wissenschaften von einer Rechtsordnung angehören und in der That als bildsam je nach den Verschiedenheiten des geltenden Rechts bezeichnet werden können, sich aber gleichzeitig darauf besinnt, dass es auch noch andere, nicht so bildsame Begriffe des subjektiven Rechts giebt, nämlich diejenigen, die den Wissenschaften von einem Rechtskreis und der allgemeinen Rechtswissenschaft angehören.

3. Man erklärt, Erwerb, Schenkung, Mord, Diebstahl, Betrug, diese und andere Rechtsbegriffe hätten in der Zeit des Dekalogs und der Zwölftafelgesetzgebung ungefähr in der nämlichen Allgemeinheit existiert wie heute [4]), oder auch, unser Weltalter könne unmöglich den nämlichen Begriff des Eigentums an Grund und Boden haben wie das Zeitalter eines Septimius Sever oder eines Karl des Kahlen [5]). Auch

---

[1]) Siehe S. 37.
[2]) *Bekker,* Pandekten 1 § 18 (S. 49).
[3]) Siehe S. 37.
[4]) *Wundt,* Methodenlehre S. 603.
[5]) *Kohler:* Archiv 82 S. 146.

der Widerspruch in diesen Aussagen ist bereits aufgedeckt[1]).

Um ihn zu überwinden, braucht man ebenfalls nur zwischen den drei Arten der Rechtsbegriffe zu unterscheiden. Man schränke nur jene ganz allgemeinen Aussagen auf diejenigen Betrugs- und Grundeigentumsbegriffe ein, die den Wissenschaften von einem Rechtskreis angehören, denn diese sind wirklich für die verschiedenen Zeitalter verschieden, behalte aber zugleich die Thatsache im Auge, dass es auch noch einen Begriff des Betruges und des Grundeigentums, nämlich den der allgemeinen Rechtswissenschaft giebt, der für alle Zeitalter der gleiche ist.

III. Von grösserer Bedeutung als diese unrichtigen Äusserungen ist die *zweite* Wirkung des Nichtunterscheidens zwischen den drei Arten der Rechtsbegriffe, nämlich sein *ungünstiger Einfluss auf die Ergebnisse der rechtswissenschaftlichen Thätigkeit.*

1. Am wenigsten hat das Nichtunterscheiden *den Wissenschaften von einer Rechtsordnung*[2]) geschadet.

Dies gilt zunächst für die Bildung ihrer Begriffe. Bei Bildung von Rechtsbegriffen hat man zumeist nur Normen irgend einer Rechtsordnung, viel seltener Normen der verschiedenen Rechtsordnungen irgend eines Rechtskreises, nur äusserst selten Rechtsnormen ohne Einschränkung auf eine Rechtsordnung oder einen Rechtskreis im Auge gehabt, das Erste namentlich bei Bildung der niedrigeren, das Zweite sowohl bei Bildung von niedrigeren wie von höheren, das Dritte vorzüglich bei Bildung der höheren Rechtsbegriffe. So hat man Begriffe der Wissenschaften von einer Rechtsordnung in ziemlich weitem Umfange gebildet. Der vorteilhaften Bezugnahme auf die entsprechenden Begriffe der Wissenschaften umschliessender Rechtskreise oder der allgemeinen Rechtswissenschaft[3]) hat man sich hierbei allerdings nur sehr unvollkommen bedient, teils unmittelbar infolge des

---

[1]) Siehe S. 38.
[2]) Siehe S. 39.
[3]) Siehe S. 57—58, 58—59, 60, 61.

Nichtunterscheidens, teils mittelbar deshalb ,weil infolge des Nichtunterscheidens die in Bezug zu nehmenden Begriffe nur zum geringen Teil gebildet waren.

Auch in der Ordnung ihrer Begriffe sind die Wissenschaften von einer Rechtsordnung durch das Nichtunterscheiden nur in geringem Grade beeinträchtigt worden. Es war allerdings der Ordnung hinderlich, dass man grade die höchsten Begriffe der Wissenschaften von einer Rechtsordnung zu bilden vernachlässigt hatte. Doch hat man sich so geholfen, dass man die von ihnen nicht streng geschiedenen entsprechenden Begriffe der Wissenschaften umschliessender Rechtskreise oder der allgemeinen Rechtswissenschaft an ihrer Stelle zur Ordnung mitverwandt hat.

In dieser Weise sind die Wissenschaften von einer Rechtsordnung zu Systemen gelangt, die freilich infolge des Nichtunterscheidens einerseits Lücken und anderseits in diesen Lücken fremde Bestandteile aufweisen.

2. Üblere Folgen hat das Nichtunterscheiden zwischen den drei Arten der Rechtsbegriffe *für die Wissenschaften von einem Rechtskreis*[1]) gehabt.

Weil man Normen eines Rechtskreises sowohl bei Bildung von höheren wie von niedrigeren Rechtsbegriffen nur ziemlich selten vor Augen gehabt hat, sind Begriffe der Wissenschaften von einem Rechtskreis nur in geringer Zahl gebildet worden. Und bei ihrer Bildung hat man überdies, ganz aus denselben Ursachen wie bei den Begriffen der Wissenschaften von einer Rechtsordnung[2]), die vorteilhafte Bezugnahme auf die entsprechenden Begriffe der Wissenschaften umschliessender Rechtskreise oder der allgemeinen Rechtswissenschaft[3]) nur sehr unvollkommen verwandt.

Sodann haben infolge des Nichtunterscheidens die Wissenschaften von einem Rechtskreise ihre Begriffe und die Begriffe der Wissenschaften von den verschiedenen Rechtsordnungen des Rechtskreises auch nur mangelhaft zu

---

1) Siehe S. 39—40.

2) Siehe S. 64—65.

3) Siehe S. 57—58, 58—59, 60, 61.

ordnen vermocht. Einer solchen Ordnung stand es schon im Wege, dass man nur so wenige Begriffe der Wissenschaften von einem Rechtskreis gebildet hatte. Aber auch soweit man solche Begriffe besass, hat man es dennoch infolge des Nichtunterscheidens zumeist unterlassen, die ihnen entsprechenden Begriffe der Wissenschaften von den verschiedenen Rechtsordnungen des Rechtskreises durch Unterordnung unter sie zu ordnen.

So hat das Nichtunterscheiden das Zustandekommen von Systemen der Wissenschaften von einem Rechtskreis nahezu vereitelt und das bedauerliche Misstrauen hervorgerufen, mit welchem nicht wenige einer jeden auf mehr als eine einzelne Rechtsordnung gerichteten rechtswissenschaftlichen Thätigkeit begegnen.

3. Am schädlichsten ist das Nichtunterscheiden zwischen den drei Arten der Rechtsbegriffe *der allgemeinen Rechtswissenschaft*[1]) gewesen.

Weil man bei Bildung von Rechtsbegriffen Rechtsnormen ohne Einschränkung auf eine Rechtsordnung oder einen Rechtskreis nur sehr selten und dann fast nur bei Bildung der höheren Rechtsbegriffe vor Augen gehabt hat, sind nur ganz wenige und beinahe nur die höchsten Begriffe der allgemeinen Rechtswissenschaft gebildet worden.

Es ist hiernach begreiflich, dass die allgemeine Rechtswissenschaft ihre Begriffe und die Begriffe der besonderen Rechtswissenschaften auch so gut wie gar nicht zu ordnen imstande gewesen ist. Durch die geringe Zahl der vorhandenen Begriffe der allgemeinen Rechtswissenschaft war die Möglichkeit einer solchen Ordnung bereits äusserst beschränkt. Aber auch soweit man solche Begriffe gebildet hatte, hat man es infolge des Nichtunterscheidens dennoch versäumt, die entsprechenden Begriffe der besonderen Rechtswissenschaften durch Unterordnung unter sie zu ordnen.

So kann infolge des Nichtunterscheidens von einem System der allgemeinen Rechtswissenschaft nicht die Rede sein; man hat es zwar unternommen, allgemeine Rechtsver-

---

[1]) Siehe S. 40—41.

gleichung und allgemeine Rechtsgeschichte zu treiben, aber meistenteils, anstatt den in den Normen der verschiedensten Rechtsordnungen gegebenen Stoff wissenschaftlich zu verarbeiten, nur künftig zu verarbeitenden Stoff aufgehäuft; und die allgemeine Rechtsvergleichung und allgemeine Rechtsgeschichte sind einer leider nur zu verbreiteten Geringschätzung anheimgefallen.

Drittes Kapitel.

Anwendung auf die Begriffe von Rechten und Rechtsgattungen.

I. Die Begriffe von Rechten und Rechtsgattungen als Rechtsbegriffe.

1. Begriffsbestimmung von Rechten und Rechtsgattungen bei Pflege der Rechtswissenschaft.

I. Von einem Recht und einer Rechtsgattung sprechen wir in *zwei verschiedenen Bedeutungen.*

1. Wir sprechen *erstens* von dem Urheberrecht Gerhard Hauptmanns an dem Schauspiel Die Weber, von der Schutzhoheit des Deutschen Reiches im Togogebiet, von dem böhmischen Grossgrundbesitz.

In diesen Fällen denken wir nichts anderes als besondere Thatbestände, auf welche Rechtsnormen Anwendung finden, „soziale Phänomene“ [1]). Unter dem Urheberrecht Gerhard Hauptmanns an den Webern verstehen wir Normen des geltenden deutschen Reichsrechts in ihrer Anwendung auf bestimmte einzelne Thatsachen; unter der Schutzhoheit des Deutschen Reiches im Togogebiet stellen wir uns Normen des gegenwärtigen europäischen Völkerrechts auf bestimmte einzelne Thatsachen angewandt vor; und mit dem böhmischen Grossgrundbesitz meinen wir Normen des heutigen österreichischen Rechts in ihrer Anwendung auf eine bestimmte Gattung von Thatsachen.

---

[1]) Siehe S. 25.

2. Wir sprechen aber auch *zweitens* von dem Recht des Grundeigentümers nach heutigem österreichischem Recht, von dem Recht der Schutzhoheit nach gegenwärtigem europäischem Völkerrecht, von dem Recht des Urhebers nach den im Deutschen Reich geltenden Gesetzen.

Was wir in diesen Fällen denken, sind Rechtsnormen. Unter dem Recht des Grundeigentümers nach heutigem österreichischem Recht verstehen wir eine Gesamtheit von Elementen bestimmter Normen des in Österreich jetzt geltenden Rechts; unter dem Recht der Schutzhoheit nach gegenwärtigem europäischem Völkerrecht eine Gesamtheit von Elementen bestimmter Normen des gegenwärtigen europäischen Völkerrechts; und unter dem Recht des Urhebers nach den im Deutschen Reich geltenden Gesetzen eine Gattung von Gesamtheiten der Elemente bestimmter Normen des heutigen deutschen Reichsrechts.

Sieht man nämlich bei einer Gesamtheit von Rechtsnormen, die in ihrem Zusammenwirken Menschen durch Belastung anderer Menschen in bestimmter Weise begünstigen, zum Beispiel bei den Normen des heutigen deutschen Reichsrechts über das Urheberrecht an einem Schriftwerk, von denjenigen Elementen dieser Rechtsnormen ab, welche die Bedingungen der Belastung und Begünstigung enthalten, also von den rechtserzeugenden, rechtsändernden und rechtsvernichtenden Thatsachen, so bleiben nur die Elemente übrig, in denen die Belastung und Begünstigung selbst enthalten sind, und man hat ein *Rechtsverhältnis*. Und wenn man sodann auch noch von weiteren Elementen dieser Rechtsnormen, nämlich von der belastenden Seite des Rechtsverhältnisses, absieht, so hat man in der Gesamtheit der übrigbleibenden Elemente, in der begünstigenden Seite des Rechtsverhältnisses, ein *Recht*. Denkt man aber die gemeinsamen Eigenschaften mehrerer solcher Gesamtheiten von Rechtsnormelementen, so hat man eine Gattung von Rechten, eine *Rechtsgattung*.

II. Die Begriffe von Rechten und Rechtsgattungen in der *ersteren* Bedeutung gehören der *Wirtschaftslehre* an, der Wissenschaft von den „sozialen Phänomenen“, das heisst von der massenhaften Anwendung von Rechtsnormen auf besondere Thatbestände[1]).

Dagegen gehören der *Rechtswissenschaft* an und sind Rechtsbegriffe nur die Begriffe von Rechten und Rechtsgattungen in der *zweiten* der beiden Bedeutungen. Die Rechtswissenschaft ist die Wissenschaft von den Rechtsnormen, und alle ihre Begriffe sind Begriffe von Rechtsnormen. —

Die Begriffsbestimmungen von Rechten und Rechtsgattungen, die man bei Pflege der Rechtswissenschaft giebt, sind daher nur dann richtig, wenn sie Begriffe dieser zweiten Art mitteilen, das heisst wenn die ihr Prädikat bildenden Vorstellungen begriffliche Vorstellungen von Rechtsnormen sind.

Will man also bei Pflege der Rechtswissenschaft etwa den Begriff des dem Grundeigentümer nach heutigem österreichischem Recht zustehenden Rechtes, den Begriff des Rechts der Schutzhoheit nach gegenwärtigem europäischem Völkerrecht, den Begriff vom Rechte des Urhebers nach den im Deutschen Reich geltenden Gesetzen richtig bestimmen, so müssen die Prädikate dieser Begriffsbestimmungen notwendig begriffliche Vorstellungen von Rechtsnormen sein.

2. Insonderheit Begriffsbestimmung des Rechts bei Pflege der Rechtswissenschaft.

Aus dem Gesagten folgt, dass die bei Pflege der Rechtswissenschaft von der höchsten Rechtsgattung, dem *Recht*, dem sogenannten Recht im subjektiven Sinne, gegebenen Begriffsbestimmungen zum grossen Teil unrichtig sind.

I. Man sagt, das Recht sei ein Dürfen der berechtigten Person, das sich auf die Gebote der allgemeinen Rechtsordnung gründe und durch diese die Eigenschaft der Erzwingbarkeit erlange[2]), es sei eine von der Rechtsordnung verliehene Willensmacht oder Willensherrschaft[3]), die von

---

[1]) Siehe S. 25.

[2]) *Eccius*, Preussisches Privatrecht 1 § 18 (S. 86).

[3]) *Windscheid*, Pandekten 1 § 37 (S. 88).

dem objektiven Recht anerkannte Herrschaft des individuellen Willens[1], eine von der Rechtsordnung gewährleistete Machtsphäre[2]. Man bezeichnet das Recht als ein rechtlich geschütztes Interesse[3], als die vom objektiven Recht anerkannte und geschützte Freiheit des Einzelnen in Verfolgung seiner Lebensinteressen[4], als einen rechtlich anerkannten und geschützten Interessen- und Machtkreis[5].

Nach diesen Begriffsbestimmungen steht also das Recht zu den Rechtsnormen im Verhältnis des Begründeten zum Begründenden, des Verliehenen zum Verleihenden, des Anerkannten zum Anerkennenden, des Gewährleisteten zum Gewährleistenden, des Geschützten zum Schützenden, und man behauptet, in der Gegenwart gelte es, den Gegensatz recht scharf auszugestalten[6]. Die Begriffsbestimmungen teilen keine Rechtsbegriffe mit, ihre Prädikate sind nicht begriffliche Vorstellungen von Rechtsnormen, sondern Vorstellungen von etwas anderem, das zu den Rechtsnormen in irgend einem, mannigfach gedachten Verhältnis steht. Als Bestimmungen von Rechtsbegriffen müssen sie daher notwendig unrichtig sein.

II. Eine Begriffsbestimmung des Rechts, welche versucht, den Fehler jener Begriffsbestimmungen zu vermeiden, ist bereits gegeben worden[7]. Aber die Thatsache, dass so vielen Begriffsbestimmungen des Rechts dieser selbe Fehler gemeinsam ist, nötigt dazu, auch seiner Ursache nachzuforschen.

Der Fehler beruht auf der Unklarheit über das Wesen der Rechtsbegriffe. Da der Begriff des Rechts, nach welchem man bei Pflege der Rechtswissenschaft fragt, als Rechtsbegriff die Merkmale der Rechtsbegriffe haben muss, so ist jede Unklarheit über das Wesen der Rechtsbegriffe notwendig zugleich eine Unklarheit über jenen Begriff. Und solange eine

---

[1]) *Unger,* Österreichisches Privatrecht 1 § 58 (S. 489).
[2]) *Regelsberger,* Pandekten 1 § 9 (S. 60).
[3]) *v. Jhering,* Geist des römischen Rechts 3 § 60 (S. 339).
[4]) *Bruns:* Holtzendorffs Enzyklopädie § 13 (S. 445).
[5]) *Regelsberger,* Pandekten 1 § 14 (S. 74).
[6]) *Gierke,* Deutsches Privatrecht 1 § 15 (S. 113).
[7]) Siehe S. 69.

solche Unklarheit besteht, ist keinerlei Schutz dagegen gegeben, dass der Begriff des Rechts unrichtig bestimmt wird.

Es lässt sich aber auch erkennen, worauf der besondere Inhalt des Fehlers beruht. Wenn von Rechten und Rechtsgattungen die Rede ist, denkt jeder zunächst an die ihm oder anderen zustehenden Rechte[1]), also an besondere Thatbestände, auf welche Rechtsnormen Anwendung finden[2]) und welche man allenfalls bildlich als etwas von der Rechtsordnung Begründetes, Verliehenes, Anerkanntes, Gewährleistetes, Geschütztes bezeichnen kann. Infolge der Unklarheit über das Wesen der Rechtsbegriffe aber gelangt man nicht dazu, es sich deutlich zu machen, dass die Begriffe von Rechten und Rechtsgattungen, nach denen man bei Pflege der Rechtswissenschaft fragt, Rechte und Rechtsgattungen in einem ganz anderen Sinne zu Gegenständen haben müssen.

II. Die Begriffe von Rechten und Rechtsgattungen und die Dreiteilung der Rechtsbegriffe.

1. Begriffsbestimmung von Rechten und Rechtsgattungen bei Pflege der drei Teile der Rechtswissenschaft.

I. Von einem Recht und einer Rechtsgattung spricht man, auch wo man darunter nicht die Anwendung von Rechtsnormen auf besondere Thatbestände[3]), sondern vielmehr Rechtsnormen versteht, in *drei verschiedenen Bedeutungen.*

1. Man spricht *einmal* von dem Recht des Wechselgläubigers, des stillen Gesellschafters, des Urhebers nach heutigem deutschem Reichsrecht.

In diesen Fällen denkt man Normen einer einzelnen Rechtsordnung. Unter dem Recht des Wechselgläubigers und

---

[1]) *Herbart,* Naturrecht und Moral S. 111.

[2]) Siehe S. 25.

[3]) Siehe S. 68.

des stillen Gesellschafters versteht man Gesamtheiten von Elementen bestimmter Normen des heutigen deutschen Reichsrechts und unter dem Recht des Urhebers eine Gattung solcher Gesamtheiten.

2. Man spricht *ferner* von dem Recht des Wechselgläubigers, des stillen Gesellschafters, des Urhebers nach dem gegenwärtigen Rechte Europas.

Hier denkt man Rechtsnormen, die sämtlich einem einzelnen Rechtskreis, nicht aber sämtlich einer einzelnen Rechtsordnung dieses Rechtskreises angehören. Mit dem Recht des Wechselgläubigers, des stillen Gesellschafters und des Urhebers meint man Gattungen von Gesamtheiten der Elemente solcher Rechtsnormen, welche sämtlich dem gegenwärtigen europäischen Recht, aber den verschiedenen es bildenden Rechtsordnungen ohne Unterschied angehören.

3. *Endlich* spricht man von dem Recht des Wechselgläubigers, des stillen Gesellschafters, des Urhebers schlechthin.

Was man hier denkt, sind Rechtsnormen, die weder sämtlich einer einzelnen Rechtsordnung noch auch nur sämtlich einem einzelnen Rechtskreis angehören. Unter dem Recht des Wechselgläubigers, des stillen Gesellschafters und des Urhebers stellen wir uns Gattungen von Gesamtheiten der Elemente solcher Rechtsnormen vor, welche den verschiedensten Rechtsordnungen und Rechtskreisen ohne Unterschied angehören.

II. Die Begriffe von Rechten und Rechtsgattungen in der *ersten* Bedeutung gehören *den Wissenschaften von einer Rechtsordnung* an. Denn die Wissenschaften von einer Rechtsordnung haben die Normen einer einzelnen Rechtsordnung zu Gegenständen; und ihre Begriffe sind daher Begriffe von den Normen dieser Rechtsordnung.

Den Wissenschaften von einem Rechtskreise gehören die Begriffe von Rechten und Rechtsgattungen in der *zweiten* Bedeutung an. Denn die Wissenschaften von einem Rechtskreise haben zu Gegenständen die Normen eines einzelnen Rechtskreises, insofern sie nicht bereits Gegenstände irgend einer Wissenschaft von einer Rechtsordnung sind; und ihre Begriffe sind daher Begriffe von Normen, die zwar alle diesem

Rechtskreis, nicht aber alle einer einzelnen Rechtsordnung dieses Rechtskreises angehören.

Der allgemeinen Rechtswissenschaft endlich gehören die Begriffe von Rechten und Rechtsgattungen in der *dritten* Bedeutung an. Die allgemeine Rechtswissenschaft hat zu Gegenständen die Rechtsnormen, insoweit sie nicht bereits Gegenstände irgend einer besonderen Rechtswissenschaft sind; und ihre Begriffe sind daher Begriffe von Rechtsnormen, die weder alle einer einzelnen Rechtsordnung noch auch nur alle einem einzelnen Rechtskreis angehören. —'

Die Begriffsbestimmungen von Rechten und Rechtsgattungen, welche bei Pflege einer besonderen oder der allgemeinen Rechtswissenschaft gegeben werden, sind daher nur dann richtig, wenn sie Begriffe dieser Rechtswissenschaft mitteilen, dass heisst wenn die ihr Prädikat bildenden Vorstellungen begriffliche Vorstellungen von Normen der bearbeiteten Rechtsordnung, von Normen der verschiedenen Rechtsordnungen des bearbeiteten Rechtskreises oder, falls Rechtsnormen ohne solche Einschränkung bearbeitet werden, von Normen der verschiedensten Rechtsordnungen und Rechtskreise sind.

Bestimmt man also etwa die Begriffe des dem Wechselgläubiger, dem stillen Gesellschafter, dem Urheber zustehenden Rechtes bei wissenschaftlicher Bearbeitung des heutigen deutschen Reichsrechts, so müssen die Prädikate dieser Begriffsbestimmungen begriffliche Vorstellungen von Normen dieser Rechtsordnung sein; bestimmt man sie bei wissenschaftlicher Bearbeitung des gegenwärtigen europäischen Rechts, so müssen die Prädikate begriffliche Vorstellungen von dem sein, was Normen der verschiedenen Rechtsordnungen dieses Rechtskreises mit einander gemein haben; bestimmt man sie endlich bei Pflege der allgemeinen Rechtswissenschaft, so müssen die Prädikate begriffliche Vorstellungen des gemeinsamen Inhalts von Normen der verschiedensten Rechtsordnungen und Rechtskreise sein.

2. Begriffsbestimmung von Rechten und Rechtsgattungen insonderheit bei Pflege der besonderen Rechtswissenschaften.

Man könnte nach dem Gesagten in Versuchung sein, fast alle die Begriffsbestimmungen von Rechten und Rechtsgattungen, die bei Pflege *der besonderen Rechtswissenschaften* gegeben werden, für unrichtig zu halten. Denn während allerdings eine Reihe von Thatsachen darauf deutet, dass sie Begriffe der besonderen Rechtswissenschaft mitteilen, bei deren Pflege sie gegeben werden, weist doch eine weitere Thatsachenreihe darauf hin, dass sie Begriffe einer anderen besonderen oder gar der allgemeinen Rechtswissenschaft überliefern. Indessen lassen sich diese Thatsachen mit jenen derart vereinigen, dass die gegebenen Begriffsbestimmungen für richtig erachtet werden können.

I. Dafür, dass die bei Pflege einer besonderen Rechtswissenschaft gelieferten Begriffsbestimmungen eines Rechts und einer Rechtsgattung Begriffe eben *dieser besonderen Rechtswissenschaft* mitteilen, sprechen folgende Thatsachen.

Bei der wissenschaftlichen Bearbeitung einer Rechtsordnung oder eines Rechtskreises handelt man von Rechten und Rechtsgattungen zumeist in der Art, dass man zunächst ihren Begriff bestimmt und hierauf eine Beschreibung ihres Inhalts, ihrer Entstehung und Beendigung liefert. Man bestimmt zum Beispiel bei der wissenschaftlichen Bearbeitung des heutigen deutschen Reichsrechts oder des gegenwärtigen europäischen Rechts zunächst den Begriff des Eigentums und beschreibt hierauf seinen Inhalt, seine Entstehung und Beendigung.

Diese Beschreibungen sind Beschreibungen von Gegenständen dieser besonderen Rechtswissenschaft. Wenn sie bei der wissenschaftlichen Bearbeitung einer Rechtsordnung geliefert werden, so enthalten sie alle die Merkmale, welche durch den Inhalt von Normen dieser Rechtsordnung gegeben sind; und werden sie bei der wissenschaftlichen Bearbeitung eines Rechtskreises geliefert, so enthalten sie alle durch den gemeinsamen Inhalt von Normen der verschiedenen Rechtsordnungen dieses Rechtskreises gegebenen Merkmale. Beschreibt man also zum Beispiel bei der wissenschaftlichen Bearbeitung des heutigen deutschen Reichsrechts Inhalt, Entstehung und Beendigung des Eigentums, so erschöpft man den Gehalt von Normen des heutigen deutschen Reichsrechts; und beschreibt man alles dies bei der wissenschaftlichen Bearbeitung des gegenwärtigen europäischen Rechts, so erschöpft man den gemeinsamen Gehalt von Normen der verschiedenen Rechtsordnungen, die das gegenwärtige europäische Recht bilden.

Hiernach scheinen, ebenso wie die bei Pflege einer besonderen Rechtswissenschaft gelieferten Beschreibungen von Rechten und Rechtsgattungen Beschreibungen von Gegenständen dieser besonderen Rechtswissenschaft sind, auch die ihnen vorausgeschickten Begriffsbestimmungen Begriffe solcher Gegenstände und somit dieser besonderen Rechtswissenschaft zu überliefern.

II. Anderseits weisen die folgenden Thatsachen darauf hin, dass die bei Pflege einer besonderen Rechtswissenschaft gegebenen Begriffsbestimmungen eines Rechts oder einer Rechtsgattung Begriffe einer anderen als dieser besonderen Rechtswissenschaft mitteilen, nämlich Begriffe, *die der Wissenschaft eines diese Rechtsordnung oder diesen Rechtskreis umschliessenden Rechtskreises oder gar der allgemeinen Rechtswissenschaft angehören.*

Die wissenschaftlichen Bearbeiter einer Rechtsordnung oder eines Rechtskreises beschreiben häufig ein Recht oder eine Rechtsgattung ganz übereinstimmend, über den Begriff aber streiten sie. Man ist etwa einig über Inhalt, Entstehung und Beendigung des Rechts, das dem Wechselgläubiger nach dem gegenwärtigen Rechte Europas zusteht, aber über seinen Begriff ist man verschiedener Meinung.

Desgleichen streiten die wissenschaftlichen Bearbeiter einer Rechtsordnung oder eines Rechtskreises oft bei der Beschreibung eines Rechts oder einer Rechtsgattung, während sie über den Begriff einverstanden sind. Man liefert etwa ganz verschiedene Beschreibungen von dem Inhalt, der Entstehung und Beendigung des dem Urheber nach heutigem deutschem Reichsrecht zustehenden Rechtes, ist aber einig über seinen Begriff.

Ferner stellen die Beschreibungen, die man bei der wissenschaftlichen Bearbeitung einer Rechtsordnung oder eines Rechtskreises von Rechten und Rechtsgattungen liefert, alle die Eigenschaften dar, die durch den Inhalt von Normen dieser Rechtsordnung oder durch den gemeinsamen Inhalt von Normen der verschiedenen Rechtsordnungen dieses Rechtskreises gegeben sind, die zugehörigen Begriffsbestimmungen dagegen zeigen nur den kleinsten Teil dieser Eigenschaften. Es schildert etwa die Beschreibung, die man bei wissenschaftlicher Bearbeitung des heutigen deutschen Reichsrechts von dem Rechte des stillen Gesellschafters liefert, alle die Eigenschaften, die durch den Inhalt bestimmter Normen des heutigen deutschen Reichsrechts gegeben sind, die Begriffsbestimmung dieses Rechts hingegen lässt nur ganz wenige von ihnen hervortreten.

Endlich sind die bei der Bearbeitung verschiedener Rechtsordnungen und Rechtskreise von einem Recht oder einer Rechtsgattung geliefertenBeschreibungen zumeist ausserordentlich verschieden, die zugehörigen Begriffsbestimmungen aber weisen nichts von dieser Verschiedenheit auf. Man beschreibt etwa das dem Urheber eines dramatischen Werkes zustehende Recht bei wissenschaftlicher Bearbeitung des heutigen deutschen, französischen und englischen Rechts in ganz verschiedener Weise, in den Begriffsbestimmungen aber ist von dieser Verschiedenheit nichts zu bemerken. —

Man hat diesen Thatsachen durch die Annahme gerecht zu werden gesucht, dass überall dort, wo bei Pflege einer besonderen Rechtswissenschaft der Begriff eines Rechts oder einer Rechtsgattung bestimmt wird, von einem Begriff dieser besonderen Rechtswissenschaft eine durch Weglassung der weniger wichtigen Merkmale abgekürzte Begriffsbestimmung gegeben werde [1]). Aber diese Annahme ist unrichtig, denn durch Weglassung irgendwelcher Merkmale eines Begriffes gelangt man zu einem anderen und zwar höheren Begriff,

---

[1]) *Rümelin,* Juristische Begriffsbildung S 21—40.

nicht aber zu einer abgekürzten Bestimmung desselben Begriffes.

So bleibt nur die Annahme übrig, dass die bei Pflege einer besonderen Rechtswissenschaft von einem Recht oder einer Rechtsgattung gegebenen Begriffsbestimmungen solche Begriffe überliefern, welche der Wissenschaft eines diese Rechtsordnung oder diesen Rechtskreis umschliessenden Rechtskreises oder gar der allgemeinen Rechtswissenschaft angehören.

III. Sosehr diese beiden Reihen von Thatsachen einander zu widersprechen scheinen, sie lassen sich dennoch vereinigen. Die Begriffsbestimmungen, die bei Pflege einer besonderen Rechtswissenschaft von Rechten und Rechtsgattungen geliefert werden, teilen nämlich zugleich einen Begriff mit, der *der Wissenschaft dieser Rechtsordnung oder dieses Rechtskreises,* und ferner einen Begriff, der *der Wissenschaft eines umschliessenden Rechtskreises oder auch der allgemeinen Rechtswissenschaft* angehört.

1. Wir können jeden Begriff einer besonderen Rechtswissenschaft in der Weise bestimmen, dass wir den ihm entsprechenden Begriff der Wissenschaft eines umschliessenden Rechtskreises oder der allgemeinen Rechtswissenschaft bestimmen und den so zusammengefassten Merkmalen das weitere Merkmal, dass der hier von uns bestimmte Begriff Normen dieser Rechtsordnung oder dieses Rechtskreises zum Gegenstande hat, und damit zugleich alle aus ihm ableitbaren Merkmale hinzufügen. Wir können dann ferner dieses weitere Merkmal unausgesprochen lassen, wo wir nämlich — wie bei jeder wissenschaftlichen Arbeit, die sich auf eine bestimmte Rechtsordnung oder einen bestimmten Rechtskreis beschränkt — annehmen dürfen, dass ein jeder es als stillschweigend hinzugefügt ansehen werde.

Diese Art der Begriffsbestimmung ist nicht zu verwechseln mit der anderen, bei welcher ein Begriff einer besonderen Rechtswissenschaft durch Bezugnahme auf den entsprechenden Begriff der Wissenschaft eines umschliessenden Rechtskreises oder der allgemeinen Rechtswissenschaft bestimmt wird[1]). Bei einer solchen Art der Begriffsbestimmung wird das, was der Begriff mit den entsprechenden Begriffen anderer Rechtswissenschaften gemein hat, zusammenfassend bezeichnet, dasjenige dagegen, wodurch er sich von ihnen unterscheidet, im Einzelnen dargelegt; bei der hier behandelten Bestimmungsart dagegen wird umgekehrt jenes Gemeinsame im Einzelnen dargelegt, dieses Unterscheidende dagegen zusammenfassend bezeichnet. Bei jener anderen Bestimmungsweise wird der Begriff einem System einander entsprechender Rechtsbegriffe[2]), bei der hier behandelten wird er dem System der Begriffe einer besonderen Rechtswissenschaft eingeordnet[3]).

Eine derartige Begriffsbestimmung geben wir nun überall, wo wir bei Pflege einer besonderen Rechtswissenschaft den Begriff eines Rechts oder einer Rechtsgattung bestimmen. Wir bestimmen zum Beispiel bei der wissenschaftlichen Bearbeitung des heutigen deutschen Reichsrechts den Begriff des dem stillen Gesellschafter zustehenden Rechtes in der Art, dass wir zunächst den Begriff der allgemeinen Rechtswissenschaft von diesem Rechte bestimmen, den so zusammengefassten Merkmalen dann das weitere Merkmal, dass der hier bestimmte Begriff Normen des heutigen deutschen Reichsrechts zum Gegenstande hat, und damit alle aus ihm ableitbaren Merkmale hinzufügen, dieses weitere Merkmal aber mit Rücksicht auf den Zusammenhang unausgesprochen lassen.

2. Nunmehr wird es verständlich, dass die Pfleger einer besonderen Rechtswissenschaft häufig bei der Beschreibung von Rechten und Rechtsgattungen einverstanden sind, bei deren Begriffsbestimmung dagegen streiten[4]), obwohl doch Begriffsbestimmung und Beschreibung denselben Gegenstand haben[5]). Man kann eben über den Begriff, den man bestimmt, durchaus einig sein; ist man verschiedener Meinung über den in dem ersten Teil der Begriffsbestimmung mitzu-

[1]) Siehe S. 57—58, 58—59, 60, 61.
[2]) Siehe S. 49.
[3]) Siehe S. 47.
[4]) Siehe S. 76.
[5]) Siehe S. 75—76.

teilenden Begriff der Wissenschaft eines umschliessenden Rechtskreises oder der allgemeinen Rechtswissenschaft und demgemäss darüber, welche von den Merkmalen des hier bestimmten Begriffes in der Begriffsbestimmung auszusprechen und welche aus dem ihren zweiten Teil bildenden, unausgesprochenen Merkmal abzuleiten sind, so muss diese Meinungsverschiedenheit notwendig zum Streite führen.

Desgleichen lässt es sich jetzt verstehen, dass trotz jener Gleichheit des Gegenstandes die Pfleger einer besonderen Rechtswissenschaft häufig bei der Begriffsbestimmung von Rechten und Rechtsgattungen einig, bei deren Beschreibung dagegen uneins sind[1]. Man kann eben über den Begriff, den man bestimmt, sehr verschiedene Meinungen haben; ist man nur einverstanden über den entsprechenden Begriff der Wissenschaft eines umschliessenden Rechtskreises oder der allgemeinen Rechtswissenschaft, dessen Merkmale in dem ersten Teil der Begriffsbestimmung mitzuteilen sind, so betrifft die Meinungsverschiedenheit bloss noch die bei der Begriffsbestimmung nicht erörterte Frage, was für Merkmale des hier bestimmten Begriffes sich aus dem den zweiten Teil der Begriffsbestimmung bildenden, unausgesprochenen Merkmal ableiten lassen.

Jetzt findet es auch seine Erklärung, dass die bei Pflege einer besonderen Rechtswissenschaft gegebenen Beschreibungen von Rechten und Rechtsgattungen alle durch den Inhalt von Normen dieser Rechtsordnung oder durch den gemeinsamen Inhalt von Normen der verschiedenen Rechtsordnungen dieses Rechtskreises gegebenen Eigenschaften darstellen, die ihnen vorausgeschickten Begriffsbestimmungen dagegen nur den kleinsten Teil dieser Eigenschaften aufweisen[2], obwohl doch beide denselben Gegenstand haben. Die scheinbar nicht in der Begriffsbestimmung enthaltenen Merkmale sind in Wirklichkeit sämtlich ableitbar aus dem ihren zweiten Teil bildenden, unausgesprochenen Merkmal.

Endlich wird es jetzt auch begreiflich, dass die bei Pflege

---

[1]) Siehe S. 76—77.
[2]) Siehe S. 77.

mehrerer besonderer Rechtswissenschaften gelieferten Beschreibungen von Rechten und Rechtsgattungen zumeist so ausserordentlich verschieden sind[1]), die zugehörigen Begriffsbestimmungen aber, trotzdem sie mit jenen Beschreibungen die gleichen Gegenstände haben, nichts von deren Verschiedenheit zeigen. Das unterscheidende Merkmal dieser nur scheinbar einander gleichen Begriffsbestimmungen ist in ihrem unausgesprochenen zweiten Teile gegeben, und alle Verschiedenheiten der mehreren Rechtsordnungen und Rechtskreise, die in der Beschreibung zum Ausdruck kommen, lassen sich aus diesem Merkmal ableiten.

[1]) Siehe S. 77.

Schluss.

I. Das Ergebnis dieser Erörterungen ist *die Erkenntnis zweier Sätze.*

1. Die Rechtsbegriffe sind Begriffe von Rechtsnormen.

2. Es ist zwischen Begriffen der Wissenschaften von einer Rechtsordnung, der Wissenschaften von einem Rechtskreise und der allgemeinen Rechtswissenschaft zu unterscheiden.

II. Dieses Ergebnis bedeutet zugleich *die Beseitigung aller der Unrichtigkeiten und Unklarheiten,* die der Verkennung jener beiden Sätze ihr Dasein verdanken und von denen wenigstens ein kleiner Teil hier aufgedeckt worden ist.

1. Man irrt, wenn man das Wesen der Rechtsbegriffe darin erblickt, dass sie als Bestandteile eines Rechtssatzes vorkämen [1].

2. Ebenso irrig ist es, wenn man die Rechtsbegriffe für Begriffe von den „Dingen des Rechts" hält, das heisst von denjenigen Dingen, welche durch das Recht seien, also von den Rechten im subjektiven Sinne, von den Rechtsgeschäften, allenfalls von dem Recht in abstracto und seinen Sätzen selbst [2].

3. Es ist ungenau, wenn man sagt, die Rechtsbegriffe seien in den Rechtssätzen enthalten, sie seien Bestandteile der Rechtssätze, der Gesetzgeber könne den Begriff mit derselben Freiheit konstituieren, mit welcher der Techniker eine Maschine konstruiere, oder, es lägen zwar nicht alle Rechtsbegriffe in dem Umfange der Gesetzgebung, aber doch diejenigen, deren Merkmale nur aus rechtlichen Bestimmungen zusammengesetzt seien [3].

---

[1]) Siehe S. 23—24.

[2]) Siehe S. 24—25.

[3]) Siehe S. 17—20.

4. Desgleichen sind ungenau die Behauptungen des Inhalts, aus Begriffen allein bestehe keine Wissenschaft, das eigentliche Wissen in der Rechtswissenschaft sei in den Rechtssätzen enthalten, die Rechtswissenschaft bestehe aus Rechtsbegriffen und Rechtsvorschriften, sie habe die aus den Bestimmungen des bestehenden Rechts gewonnenen Begriffe und allgemeinen Grundsätze in ein ihrer Natur entsprechendes Verhältnis zu einander zu setzen, in einem einheitlichen Ganzen geordneter Begriffe und Regeln den Inhalt des Rechts zur Anschauung zu bringen[1]).

5. Unrichtig sind alle diejenigen bei Pflege der Rechtswissenschaft gegebenen Begriffsbestimmungen des Rechts, in denen es als ein Dürfen der berechtigten Person, das sich auf die Gebote der allgemeinen Rechtsordnung gründe und durch diese die Eigenschaft der Erzwingbarkeit erlange, als eine von der Rechtsordnung verliehene Willensmacht oder Willensherrschaft, als die von dem objektiven Recht anerkannte Herrschaft des individuellen Willens, als eine von der Rechtsordnung gewährleistete Machtsphäre, als ein rechtlich geschütztes Interesse, als die vom objektiven Recht anerkannte und geschützte Freiheit des Einzelnen in Verfolgung seiner Lebensinteressen, als ein rechtlich anerkannter und geschützter Interessen- und Machtkreis bezeichnet wird[2]).

6. Es ist unrichtig, ohne Einschränkung zu sagen, dass nicht bloss die Rechtssätze, sondern mit ihnen auch die Rechtsbegriffe sich änderten, dass der Begriff des subjektiven Rechts bildsam sei je nach den Verschiedenheiten des geltenden Rechts, dass Erwerb, Schenkung, Mord, Diebstahl, Betrug und andere Rechtsbegriffe in der Zeit des Dekalogs ungefähr in der nämlichen Allgemeinheit existiert hätten wie heute, dass unser Weltalter unmöglich den nämlichen Begriff des Eigentums an Grund und Boden haben könne wie das Zeitalter eines Septimius Sever oder eines Karl des Kahlen[3]).

---

[1]) Siehe S. 20—22.

[2]) Siehe S. 70—72.

[3]) Siehe S. 62—64.

7. Unrichtig ist auch die Behauptung, wenn bei Pflege einer besonderen Rechtswissenschaft der Begriff eines Rechts oder einer Rechtsgattung bestimmt werde, so sei dies eine durch Weglassung der weniger wichtigen Merkmale abgekürzte Begriffsbestimmung [1]).

8. Endlich ist es fehlerhaft, dass man die Begriffe der Wissenschaften von einer Rechtsordnung zu einem kleinen, die Begriffe der Wissenschaften von einem Rechtskreis zum grossen Teile und die Begriffe der allgemeinen Rechtswissenschaft fast gänzlich zu bilden versäumt hat; dass man sich überdies bei Bildung der Begriffe der besonderen Rechtswissenschaften der Bezugnahme auf die entsprechenden Begriffe der Wissenschaften umschliessender Rechtskreise und der allgemeinen Rechtswissenschaft nur sehr unvollkommen bedient hat; dass man endlich die Rechtsbegriffe in den Wissenschaften von einer Rechtsordnung nicht so gut wie möglich, in den Wissenschaften von einem Rechtskreise nur mangelhaft und in der allgemeinen Rechtswissenschaft beinahe gar nicht geordnet hat [2]).

III. Ohne Zweifel ist an diese Erörterungen gar mancher mit der Überzeugung herangetreten, dass es sich hier um ein höchst „unpraktisches" Unternehmen handle. Vielleicht hat es sich aber doch allmählich gezeigt, dass die Begründung einer Lehre von den Rechtsbegriffen nicht ganz so unnötig ist, wie sie auf den ersten Blick erscheinen kann. Und in der That, es wäre erstaunlich, da doch für jedes menschliche Thun Klarheit über sich selbst von der grössten Wichtigkeit ist, wenn dies nur für die Wissenschaften oder gar nur für die Rechtswissenschaft anders sein sollte.

---

[1]) Siehe S. 77—78.
[2]) Siehe S. 64—67.

MIX
Papier | Fördert gute Waldnutzung
FSC® C083411

Kolibri 360 GmbH
Ferdinand-Jühlke-Straße 7
99095 Erfurt, Deutschland
produktsicherheit@kolibri360.de